VERA PEIFFER
Hypnotherapie

W0039735

Buch

Die Hypnotherapie findet heute immer mehr Anwendung, da sie sich als eine wirkungsvolle Methode erwiesen hat, um traumatische Erfahrungen, Angstzustände, Depressionen und Phobien zu behandeln. Bei der Raucherentwöhnung und bei Problemen mit Schüchternheit, Nervosität und mangelndem Selbstwertgefühl hat sie sich ebenfalls bewährt. Das Buch erklärt, was es mit dieser Anwendung von Hypnose auf sich hat und wie man einen guten Therapeuten findet.

Autorin

Vera Peiffer ist eine anerkannte Kapazität auf dem Gebiet der Hypnotherapie. Als Psychologin hat sie eine eigene Praxis in London.

VERA PEIFFER

HYPNO-THERAPIE

Was Sie wirklich darüber wissen müssen

Aus dem Englischen
von Ursula Rahn-Huber

GOLDMANN

Die Originalausgabe erschien unter dem Titel
»Principles of Hypnotherapy«
bei Thorsons, London

Deutsche Erstausgabe

Der Goldmann Verlag ist ein Unternehmen
der Verlagsgruppe Bertelsmann

Deutsche Erstausgabe Februar 1998
© 1998 der deutschsprachigen Ausgabe
Wilhelm Goldmann Verlag, München
© 1996 der Originalausgabe Vera Peiffer
Umschlaggestaltung: Design Team München
Umschlagabbildung: Michael Munday
Druck: Elsnerdruck, Berlin
Verlagsnummer: 14112
Lektorat: Olivia Baerend
Redaktion: Claudia Alt
CL · Herstellung/DTP: Martin Strohkendl
Made in Germany
ISBN 3-442-14112-5

1 3 5 7 9 10 8 6 4 2

Für Ursula Markham
in Liebe und Dankbarkeit,
denn sie hat mir den Anstoß
zu diesem Buch gegeben.

Die in Kapitel 2 dieses Buches angeführte Definition von Hypnose wurde mit freundlicher Genehmigung aus *Encyclopaedia Britannica*, 15. Ausgabe (1990), Band 6, Seite 203, zitiert.

Inhalt

Einleitung

Die im Bereich der alternativen Behandlungsformen verzeichneten jährlichen Zuwachsraten von bis zu dreißig Prozent veranlaßten die Britische Zentrale für gesundheitliche Aufklärung (HEA) unlängst dazu, einen umfassenden Führer der Komplementärmedizin und -therapien herauszugeben. In diesem Buch wird eine Wertung der einzelnen Methoden nach deren Popularität, medizinischer Glaubwürdigkeit, wissenschaftlicher Gültigkeit und Verfügbarkeit vorgenommen. Neben der Akupunktur und Osteopathie erreicht dabei die Hypnotherapie in allen vier Kategorien die höchstmögliche Punktzahl.

Ungeachtet ihrer Popularität und nachgewiesenen Wirksamkeit ist die Hypnotherapie immer wieder auch auf negative Weise in den Blickpunkt der Öffentlichkeit gerückt. Bühnenshows, Sensationsreporter und das unseriöse Verhalten einiger weniger Therapeuten haben zur Verunsicherung beigetragen und die immer noch vorhandenen Vorbehalte gegen diese alte Therapieform geschürt. Wenngleich heute so gut wie jeder von der Hypnotherapie gehört hat, weiß man im allgemeinen jedoch nur so viel darüber, daß dabei mit Suggestionen gearbeitet wird, mit deren Hilfe man sich das Rauchen abgewöhnen oder abnehmen kann. Dennoch kann die Hypnotherapie sehr viel mehr leisten.

In diesem Buch werden die wissenschaftlichen Erkenntnisse über die Hypnose zusammengefaßt und es wird erklärt, wie mit ihrer Hilfe verschiedene Zustände wie Depressionen, Ängste, Panikanfälle, Schmerzen, mangelndes Selbstvertrauen und vieles andere behandelt werden können. Neben einer

Erläuterung der Funktionsprinzipien und der Betrachtung von Fallstudien wird gleichzeitig eine Übersicht über die Dinge vermittelt, auf die zu achten ist, wenn man sich zu einer hypnotherapeutischen Behandlung entschließt.

Ein ganzer Abschnitt ist dem sogenannten Fehlerinnerungssyndrom gewidmet; hier wird besprochen, welche Fragen zu stellen sind, um nicht bei einem Therapeuten zu landen, der einen womöglich in Gedächtnistäuschungen hineinführt.

1.

Geschichte und Entwicklung der Hypnose

Wie eine Vielzahl von geschichtlichen Quellen belegen, ist die Hypnose eine der ältesten Therapieformen überhaupt. Keilschriften aus der Zeit um 4000 v. Chr. zeigen, daß Hypnose bereits von den Sumerern als therapeutisches Mittel eingesetzt wurde. Besonders ausgebildete Priester-Ärzte arbeiteten zu Heilungszwecken mit hypnotischen Suggestionen, wie dies später auch die hinduistischen Fakire, die persischen Magi und die indischen Yogis taten. Im *Papyrus Ebers* ist nachzulesen, daß die Priester-Ärzte des alten Ägypten ihre Patienten aufforderten, ihren Blick auf ein glänzendes Stück Metall zu fixieren, um so eine hypnotische Trance einzuleiten – ein Vorläufer des sogenannten »Fixationsverfahrens« *(siehe Seite 113).*

Der Einsatz von hypnotischen Suggestionen zu Heilzwecken war bis ins Mittelalter hinein üblich, doch erst 1530 wurden die mit der Hypnose erzielten Heilerfolge auf andere Ursachen als göttliches Eingreifen zurückgeführt:

Der Schweizer Wissenschaftler und Arzt Paracelsus (1493–1541) entwickelte eine Theorie über die Wechselwirkungen zwischen dem Stand der Gestirne und dem Verlauf von Krankheiten; gleichzeitig wies er nach, daß ein Mensch über einen anderen magnetische Kräfte ausüben kann. Später legte der österreichische Arzt Franz Anton Mesmer (1734–1815) eine Weiterentwicklung dieser Theorie vor, nach der die Erde und alle Menschen von einem universalen, magnetischen Fluidum umgeben und durchdrungen seien und die Planeten mit Hilfe dieses unsichtbaren Fluidums Veränderungen im menschlichen Körper bewirken könnten. Mesmer prägte hierfür den Begriff des »animalischen Magnetismus« und ging davon aus, daß Krankheiten oder Schmerzen auf eine unharmonische Verteilung dieses Fluidums im Körper des Betreffenden zurückzuführen seien. Mit Hilfe der Anziehungs- und Abstoßungskräfte von Magneten, so behauptete er, könne man das Fluidum wieder ins Gleichgewicht bringen. Das Heilen durch Handauflegen oder streichende Berührungen war damals weit verbreitet, und Mesmer nutzte eine Kombination all dieser Methoden bei der Behandlung seiner Patienten. So bat er diese, ein Stück Metall gegen die erkrankte oder schmerzende Körperstelle zu drücken; während sie dies taten, berührte er ihren Körper mit einem Metallstab, wodurch es zu einer Umverteilung des magnetischen Fluidums kommen und damit der Genesungsprozeß unterstützt werden sollte.

Mesmer war ein Mann von charismatischer Ausstrahlung, der seine Behandlungen regelrecht in Szene setzte. Er führte seine Patienten in einen abgedunkelten Raum, in dem die passende Musik für die richtige Atmosphäre sorgte. Inmitten des Raumes stand ein Eichenzuber, der mit Eisenspänen, Quarzsand und Wasser gefüllt war und aus dem Eisenstäbe ragten. Die Patienten durften kein Wort sagen, während sie den Raum betraten und sich rings um den Zuber setzten, so daß sie die Metallstäbe umfassen konnten. Dann hatte Mesmer seinen großen Auftritt – er kam mit wehendem Mantel herein, schritt von Patient zu Patient und berührte gelegentlich den einen oder anderen mit der Hand oder dem Metallstab. Während solcher Sitzungen zeigten die Patienten oft physische Reaktionen wie Hustenreiz oder Zuckungen. Diese sogenannten »Krisen« wurden als Zeichen der einsetzenden Heilung gewertet.

In vielen Fällen, in denen eine konventionelle ärztliche Behandlung versagt hatte, erzielte Mesmer spektakuläre Erfolge. Dies ärgerte seine medizinischen Kollegen so sehr, daß er schließlich gezwungen war, Wien zu verlassen und nach Paris zu flüchten; doch seine Probleme folgten ihm auch hierher. Auf Betreiben der Ärzteschaft gab König Ludwig XVI. eine Untersuchung des »animalischen Magnetismus« in Auftrag. Nachdem keine wissenschaftliche Erklärung für die Heilerfolge gefunden werden konnte, wurde Mesmers Therapieform verboten. Allein über das Thema zu sprechen genügte, um einem Arzt seine Praxislizenz zu entziehen. Mesmers Heilerfolge, so hieß es, seien ausschließlich auf die Einbildung der Patienten zurückzuführen. So mußte Mesmer erneut seine Praxis aufgeben, und er kehrte an seinen Geburtsort zurück, wo er im Jahre 1815 starb.

1813 korrigierte Abbé Faria (1755–1819) Mesmers Theorie dahingehend, daß nach seinen Forschungen in Indien kein universales Fluidum zur Einleitung einer Trance benötigt würde – es sei die Kraft der Suggestion, die diesen schlafähnlichen Zustand hervorrufe. Der berühmte französische Arzt Alexandre Bertrand unterstützte diese These und fügte hinzu, daß es bei der Tranceinduktion nicht auf die Person ankomme, die die Suggestionen spricht, sondern ausschließlich auf die Vorstellungskraft des Patienten.

Die Methoden zur Einleitung des »luziden Schlafs« wurden von dem englischen Augenarzt James Braid (1795–1860) weiterentwickelt. Er hatte den Schweizer »Magnetiseur« Lafontaine gesehen und wollte diesen als Scharlatan entlarven. Bei den Experimenten, die er daraufhin mit seinen Verwandten und Dienstboten durchführte, erkannte er jedoch, daß der tranceartige Zustand durchaus echt war und er sich ganz natürlich einleiten ließ, wenn der Betreffende seinen Blick nur wenige Minuten lang auf einen glänzenden Gegenstand richtete. Er nannte diesen Zustand »Hypnose«

nach dem griechischen Wort für Schlaf: *hypnos*. Braid fand heraus, daß dieses Fixieren sowohl bei Menschen als auch bei Tieren einen Zustand der Hypnose auslöste. Er erzielte beachtliche Erfolge in der medizinischen und chirurgischen Behandlung und bot der britischen Gesellschaft zur Förderung der Wissenschaft an, einen Vortrag zu diesem Thema zu halten. Doch sein Angebot wurde abgelehnt. Auf ähnliche Reaktionen stießen andere Ärzte, die erfolgreich mit Hypnose gearbeitet hatten – sie wurden entweder ignoriert, verhöhnt oder kurzerhand von ihrem Posten entfernt.

Erst als Professor Hippolyte Bernheim (1843–1919) begann, sich für die Arbeit des Pariser Arztes Ambroise-Auguste Liébeault zu interessieren, der seit mehreren Jahren erfolgreich mit Suggestionen gearbeitet hatte, fing die Ärzteschaft allmählich an, die Hypnose ernster zu nehmen. Professor Bernheim, ein berühmter Neurologe aus Nancy, war derart beeindruckt von dem, was er in Liébeaults Klinik zu sehen bekam, daß er die Schule von Nancy gründete und damit das erste Institut zur wissenschaftlichen Anwendung von Hypnose ins Leben rief. 1886 veröffentlichte Bernheim sein Buch »De la suggestion« (zu deutsch: »Die Suggestion und ihre Heilwirkung«), das als Grundstein der modernen Suggestionstherapie gilt.

Etwa zur gleichen Zeit entdeckte ein Wiener Arzt, Dr. Joseph Breuer (1842–1925), durch Zufall, daß sich seine Patienten, wenn man sie im Zustand der Hypnose zum Erzählen ermutigte, an Dinge erinnern konnten, zu denen sie im normalen Wachzustand keinen Zugang hatten. Durch die Rückerinnerung an unterdrückte traumatische Erlebnisse kam es bei den Patienten zu einer emotionalen Reaktion (die Mesmers »Krisen« nicht unähnlich waren), die zu einer Linderung ihrer Symptome führte. Sigmund Freud (1856–1939) arbeitete mit Breuer zusammen und berief sich bei einigen seiner Arbeiten auf dessen Erkenntnisse, wenngleich er später die Hypnose verwarf, weil er sich manchmal außerstande sah, die Widerstände der Patienten bei der Freisetzung von traumatischen Erinnerungen zu überwinden. Doch obwohl Freud der Hypnose letztlich den Rücken kehrte, um sich der Entwicklung seines psychoanalytischen Therapieansatzes zuzuwenden, setzte diese ihren Erfolgskurs fort. Während und nach dem Ersten Weltkrieg wurde zunehmend Hypnose eingesetzt, um den Soldaten dabei zu helfen, die in den Schützengräben erlittenen Traumata zu überwinden.

1953 wurde ein Unterausschuß der psychologischen Abteilung der Britischen Medizinischen Gesellschaft ins Leben gerufen, der die Hypnose als Teilbereich der Medizin untersuchte. Seither wurden zahlreiche Erkenntnisse über die Zusammenhänge und Funktionsweisen des Unterbewußtseins gewonnen und herausgefunden, wie sich dieses auf die menschlichen Reaktions- und Verhaltensweisen auswirkt. Der Unterausschuß stellte fest, daß die Hypnose ein ausgezeichnetes Hilfsmittel zur Behandlung von psychosomatischen und psychoneurotischen Erkrankungen ist und darüber hinaus in der Chirurgie, Zahnheilkunde und Geburtshilfe wertvolle Dienste bei der Schmerzlinderung leistet. Er schlug vor, das Thema Hypnose in die Ausbildung von Psychiatern aufzunehmen.

Heute wird Hypnose nicht nur in der Chirurgie, Zahnheilkunde und Psychotherapie, sondern auch in vielen Bereichen der Persönlichkeitsentwicklung eingesetzt – beispielsweise zur Leistungssteigerung in bestimmten Sportarten oder Berufszweigen, zur Stärkung des Selbstvertrauens und der persönlichen Kompetenz durch Verbesserung von Gedächtnisleistung und Lerngewohnheiten, zur Freisetzung blockierter Potentiale sowie zur Vermittlung einer positiveren Lebenseinstellung.

2.
Was ist Hypnose?

Die *Encyclopaedia Britannica* definiert Hypnose wie folgt:

»Ein spezifischer, von bestimmten psychologischen Erscheinungen begleiteter psychischer Zustand, der nur bei oberflächlicher Betrachtung dem Schlaf ähnelt und sich dadurch auszeichnet, daß der Betreffende aus einer anderen Bewußtseinsebene als dem normalen Wachzustand heraus funktioniert. Dieser Zustand wird durch eine derart gesteigerte Empfänglichkeit und Reaktionsbereitschaft charakterisiert, daß der Wahrnehmung von inneren Erfahrungen ebensoviel Bedeutung beigemessen wird wie ansonsten nur der äußeren Wirklichkeit.«

Dies ist eine treffende allgemeine Beschreibung des Hypnosezustands. Was aber geschieht in physischer Hinsicht, wenn sich ein Mensch in Hypnose befindet? Wie erlebt der Betreffende selber den Zustand? Und was geht dabei in ihm vor?

Bevor wir uns mit den wissenschaftlichen Forschungen und individuellen Erfahrungen zum Thema Hypnose befassen, müssen wir erst einige grundlegende Dinge über den menschlichen Geist verstehen.

Das Bewußtsein und das Unterbewußtsein

Ähnlich einem Eisberg besteht auch der menschliche Geist aus zwei Teilen. Zum einen ist da die Eisbergspitze – das Bewußtsein, das uns durch unsere tagtäglichen Entscheidungsprozesse führt und uns in neuen Situationen dabei hilft, mittels rationalem Denken herauszufinden, was zu tun ist und wie sich dies bewerkstelligen läßt; und zum anderen gibt es die verborgenen Tiefen des Eisbergs – das Unterbewußtsein, das gewissermaßen auf »Autopilot« funktioniert und eine Vielzahl von Bereichen steuert, wie beispielsweise:

◇ die Emotionen
◇ die Vorstellungen
◇ die Erinnerungen
◇ das vegetative Nervensystem

Emotionen

Emotionen bilden das Gegenstück zur Rationalität. Emotionen wie Freude, Glück, Wut, Enttäuschungen, Angst und so weiter steigen in uns auf, ohne daß wir dies »beabsichtigt« hätten; sie sind einfach da. Ein Gedanke in unserem Kopf kann ebenso Emotionen auslösen wie eine Bemerkung, die ein anderer in unserer Gegenwart macht. Dies gilt selbst für Bemerkungen, die Jahre zuvor gefallen sind.

Vorstellungen

Der Begriff der »Vorstellungen« steht hier als Oberbegriff für eine Reihe weiterer Facetten des Unterbewußtseins und umfaßt unter anderem Ideen, Kreativität, Intuition, Vorahnungen, Phantasien, Tagträume und Träume.

Erinnerungen

Im Unterbewußtsein sind Erinnerungen an alles gespeichert, was wir je gesehen, gehört, erfahren oder gelernt haben. Das bedeutet nicht unbedingt, daß wir immer und zu jeder Zeit ungehindert über diese Informationen verfügen können; ein Großteil bleibt in der Regel in unserem Unterbewußtsein begraben, wenngleich die Hypnose die Rückerinnerung wesentlich erleichtern kann.

Vegetatives Nervensystem

Das vegetative Nervensystem steuert und reguliert automatisch die Funktion unserer inneren Organe. So sorgt es dafür, daß die Haut sich zusammenzieht, wenn wir ins Kalte kommen (»Gänsehaut«); es läßt die Pupillen automatisch größer werden, wenn es dunkel wird, um sie sofort wieder zu verkleinern, wenn es heller wird. Das vegetative Nervensystem ist auch dafür zuständig, daß uns das Wasser im Mund zusammenläuft, wenn wir ein köstliches Essen sehen oder auch nur daran denken.

Diese vier hauptsächlichen Wirkungsbereiche des Unterbewußtseins sind eng miteinander verbunden und funktionieren in einem automatischen Zusammenspiel. Werden wir beispielsweise immer wieder auf barsche oder unfaire Art und Weise zurechtgewiesen oder kritisiert, so setzt das Unterbewußte unangenehme Emotionen frei, die ihrerseits über das vegetative Nervensystem eine physische Streßreaktion auslösen – es kommt zu einer Adrenalinausschüttung, die das Herz ein wenig schneller schlagen, den Blutdruck in die Höhe schnellen und den Blutzuckerspiegel steigen läßt. Diese unangenehmen emotionalen und physischen Empfindungen wiederum wirken auf die Erinnerung und hinterlassen dort eine negative »Gedächtnisspur« in Verbindung mit dem Menschen, der uns soeben kritisiert hat. Wenn wir dem Betreffenden dann irgendwann einmal wiederbegegnen sollten, kann es gut sein, daß wir noch vor dem eigentlichen Zusammentreffen die gleichen negativen emotionalen und physischen Reaktionen zeigen wie in der auslösenden Situation selbst.

Ein Beispiel für einen positiven Reiz wäre etwa, wenn ein kleines Mädchen erstmals in Kontakt mit einem Hund kommt, man es behutsam dazu ermutigt, das Tier zu strei-

cheln, und dieses freudig reagiert, so daß in dem Kind ein angenehmes Gefühl entsteht. Sein Körper entspannt sich, und
es wird eine positive Erinnerung an diesen Hund speichern.
Eine positive Gedächtnisspur ist entstanden, und zusammen
mit weiteren ähnlichen positiven Erfahrungen wird das Kind
in der Zukunft aller Wahrscheinlichkeit nach entspannt und
angstfrei auf Hunde zugehen.

Wir tragen positive und negative Gedächtnisspuren aus
früheren Erfahrungen in uns und reagieren stets in Einklang
mit diesen Erinnerungen.

Viele Gedächtnisspuren sind während unserer Kindheit
entstanden, obwohl wir uns an das ursprüngliche Ereignis
oftmals gar nicht bewußt erinnern. Dennoch entsteht oft das
gleiche Gefühl wie damals, wenn uns in unserem späteren
Leben etwas Ähnliches widerfährt. Wir haben womöglich
vergessen, daß wir als Kind von einem Hund gebissen worden sind, doch unser Unterbewußtsein »erinnert« uns indirekt an den Zwischenfall, indem es jedesmal ein Gefühl der
Angst in uns erzeugt, wenn wir einen Hund sehen.

Gefühle überkommen uns nicht aus heiterem Himmel; sie
sind immer an reale Begebenheiten geknüpft. Je stärker das
an ein Ereignis gekoppelte Gefühl ist, desto wahrscheinlicher
hinterläßt es eine starke Gedächtnisspur, die uns in künftigen
ähnlichen Situationen zu automatischen, spontanen Reaktionen führt. Die Hypnose kann helfen, das ursprünglich aus-
lösende Ereignis aufzudecken und so das negative Respons-
muster zu durchbrechen, mit dem wir auf bestimmte Ereignisse, Menschen oder Situationen reagieren.

Wissenschaftliche Erkenntnisse

In den vergangenen Jahrzehnten hat sich die Hypnose nicht
nur in der breiten Öffentlichkeit, sondern auch in der Ärzteschaft zunehmend Anerkennung verschafft und gilt heute als

ein wertvolles therapeutisches Hilfsmittel. Im Zuge dieser Entwicklung wurden Forschungsgelder bereitgestellt, um die Wirkung der hypnotischen Trance in klinischen Versuchen zu testen. Auch heute noch wird ein Großteil der Forschung in den Vereinigten Staaten betrieben, doch auch in Kanada, Australien, Deutschland und anderen europäischen Ländern wurden Versuche unter Laborbedingungen durchgeführt.

Die Forschung konzentrierte sich auf eine Reihe von physischen Funktionen, die jeweils vor, während und nach der Hypnose gemessen wurden. Dabei wurde herausgefunden, daß es im Trancezustand zu einer Verlangsamung der Atem- und Pulsfrequenz, Erweiterung der Bronchien, Senkung des Blutdrucks und Verminderung der Magensäureproduktion kommt. Gleichzeitig wird die Freisetzung von Streßhormonen in die Blutbahn unterbrochen. Wissenschaftler der Universität von Constance haben beobachtet, daß sich selbst in leichten Trancezuständen weiße Blutkörperchen verstärkt an den Blutgefäßen anhaften, was für eine verbesserte Immunabwehr spricht. Gleichzeitig scheint es im Körper unter Hypnose zu einer vermehrten Produktion von Lymphozyten zu kommen – dies könnte eine mögliche Erklärung dafür sein, warum sich mit dieser Methode gewisse Erfolge bei der Behandlung von Krebszellen erzielen lassen.

Wissenschaftliche Erkenntnisse wie diese machen deutlich, warum Hypnose (und zwar sowohl die selbstinduzierte als auch die von einem Therapeuten eingeleitete) ein ideales Mittel darstellt, um physische Beschwerden wie Asthma, Verspannungskopfschmerzen, Magenprobleme, Bluthochdruck und viele andere streßbedingte Erscheinungen zu lindern.

Die Forschungen der jüngsten Vergangenheit haben den Nachweis erbracht, daß Hypnose nicht das gleiche ist wie Schlaf. Wissenschaftler der kalifornischen Stanford-Universität haben mit Hilfe eines Elektroenzephalographen (EEG), eines Geräts zur Messung der elektrischen Gehirntätigkeit, die Gehirnströme hypnotisierter Versuchspersonen aufgezeichnet. Dabei wurde der Verlauf der im Gehirn erzeugten rhythmischen elektrischen Impulse in Form einer Sinuskurve erfaßt. Unter Hypnose, so wurde festgestellt, sendet das Gehirn *Alphawellen* aus, wie sie für einen Zustand mentaler Wachheit, aber physischer Entspannung typisch sind. Dies unterscheidet sich sehr von den extrem langsamen Wellen, die während des Schlafs nachweisbar sind. Damit steht eindeutig fest, daß der Schlaf ein ganz anderer Zustand als jener der hypnotischen Trance ist – eine beruhigende Feststellung für alle, die Angst haben, während der Hypnose »das Bewußtsein zu verlieren«.

Wie fühlt man sich im Zustand der Hypnose?

In der Öffentlichkeit kursieren noch immer eine ganze Reihe von Mythen und irrigen Vorstellungen zu diesem Thema. Auch heute noch haben viele Menschen Angst davor, sich in Hypnose versetzen zu lassen, weil sie glauben, das Bewußtsein zu verlieren oder zu einem hilflosen Zombie zu werden, der den zweifelhaften Absichten des Hypnotherapeuten auf Gedeih und Verderb ausgeliefert ist. Doch dies ist nicht der Fall. In Wirklichkeit ist der Zustand der Hypnose relativ unspektakulär.

Hypnose ist ein natürliches Phänomen, dem wir tagtäglich begegnen. Haben Sie selbst schon einmal einen der folgenden Zustände bei sich beobachtet?

✧ Wie Sie mit geistesabwesendem Blick aus dem Fenster gesehen haben, während Sie intensiv über eine bestimmte Sache nachdachten;

✧ Wie Sie sich beim Lesen eines wirklich guten Buches so vertieft haben, daß Sie dabei Ihr Umfeld völlig vergaßen;

◇ Wie Sie sich mit Feuereifer auf eine zeitaufwendige, doch gern erledigte Gartenarbeit oder ein Computerspiel konzentrierten und nicht merkten, wie darüber die Zeit verging;

◇ Wie Sie bei längeren Auto- oder Bahnfahrten das Gefühl hatten, durch die Monotonie der Reise eingeschläfert zu werden;

◇ Wie Sie sich beim Joggen oder anderer sportlicher Betätigung für eine Zeitlang von Ihren Sorgen frei machen konnten;

◇ Wie Sie sich nach einem Rock- oder Popkonzert »high« fühlten, ohne etwas geraucht oder Alkohol getrunken zu haben.

Wenn Ihnen eine dieser Erfahrungen bekannt vorkommt, waren Sie schon einmal in Hypnose – mit dem einzigen Unterschied, daß wir solche Zustände im Alltag nicht als Hypnose bezeichnen würden. Wir sprechen vielmehr von »Tagträumen« oder davon, daß wir »in Gedanken« oder auch »abgehoben« und »high« sind. Wenn wir beim Tagträumen aus dem Fenster starren, dann ist uns dabei sehr wohl bewußt, daß wir im Wohnzimmer sitzen, doch diese Information scheint uns unwichtig, während wir unserem Gedankengang folgen. Erfordert aber irgend etwas unsere Aufmerksamkeit, ruft man nach uns oder klingelt das Telefon, so kehren wir sofort aus unserem Tagtraum zurück. Und würde jemand, der uns bei unserer Tagträumerei beobachtet hat, behaupten, wir hätten die Kontrolle über uns verloren oder seien gar bewußtlos gewesen, so würden wir dies zu Recht als Unsinn bezeichnen.

Wir alle tauchen mehrmals am Tag ganz natürlich und automatisch in den Zustand leichter Hypnose ein und wieder daraus auf, und so birgt das Ganze überhaupt nichts Geheimnisvolles. Der Hypnotherapeut hilft uns lediglich dabei, diesen tranceartigen Zustand bewußt herbeizuführen und ihn nicht dem Zufall zu überlassen. Kein Hypnotherapeut ist in der Lage, uns gegen unseren Willen zu hypnotisieren. Wenn wir seinen Anweisungen nicht folgen möchten, so hat er keine Möglichkeit, uns dazu zu bringen.

Im Zustand der Hypnose lenken wir unsere Aufmerksamkeit nach innen. Obwohl wir wissen, wo wir sind und wer sich sonst noch im Raum befindet, stehen diese Dinge nicht länger im Mittelpunkt unseres Interesses. Wir konzentrieren uns statt dessen auf die Suggestionen des Therapeuten, die uns dieser oft in Form von Bildern gibt. Während wir diesen Bildern mit unseren Gedanken folgen, könnten wir jederzeit die Augen öffnen, wenn wir dies wollten; da der Therapeut uns aber in der Regel in ein beruhigendes, friedliches Szenario hineinführt, werden wir wahrscheinlich kein Bedürfnis danach verspüren.

In diesem Zusammenhang besteht die Aufgabe des Therapeuten darin, uns in die Hypnose hineinzugeleiten; dabei ist er der Reiseführer, der uns die Route beschreibt, wir selbst hingegen sind die Reisenden, die sich tatsächlich auf den Weg machen. Der Therapeut leitet den Zustand der Hypnose ein; der Klient selbst aber *geht in sie hinein*. Darum erklären viele Hypnotherapeuten ihren Klienten, daß jede Hypnose im Grunde genommen eine Selbsthypnose ist.

Während Sie sich in Hypnose befinden, werden Sie an sich zumindest einige der folgenden Erscheinungen beobachten:

✧ Zunahme von Tränenflüssigkeit
✧ flatternde Augenlider
✧ verlangsamte Atmung
✧ Magengeräusche
✧ angenehmes Kribbeln in Armen und/oder Beinen
✧ besondere Schwere/Leichtigkeit und Entspannung
✧ Gefühl, als seien die Hände/Arme/Beine »nicht da«

✧ Gefühl, mit dem Stuhl, auf dem man sitzt, eins geworden zu sein
✧ Bewegungsunwillen
✧ Verzerrtes Zeitempfinden – beim Auftauchen aus der Trance wird man die in Hypnose verbrachte Zeit beträchtlich unterschätzen.

Nach der Hypnose fühlen sich viele Menschen, als ob sie geschlafen hätten, wenngleich sie wissen, daß dies nicht der Fall war. Mit anderen Worten: Es handelt sich hier um einen sehr angenehmen Zustand, in dem die Aufmerksamkeit nach innen auf mentale Bilder gelenkt wird – es ist fast so, als würde man in den eigenen Gedanken »fernsehen«. Gleichzeitig fühlt man sich auf positive Weise losgelöst von der alltäglichen Wirklichkeit. Hypnose ist eigentlich nichts anderes als die Verlagerung des Bewußtseins auf eine Ebene, auf der innere Bilder leichter zutage treten können und die Alltagsrealität in den Hintergrund tritt.

Verschiedene Einsatzmöglichkeiten der Hypnose

Befragt man Passanten auf der Straße danach, was sie über Hypnose wissen, so berichten manche davon, schon einmal einen Hypnotiseur im Fernsehen gesehen zu haben und daß sie das entweder absolut faszinierend fanden oder für einen riesigen Schwindel hielten; andere hingegen kennen vielleicht jemanden, der schon einmal bei einem Hypnotherapeuten war und sich dadurch das Rauchen abgewöhnt oder seine unmäßigen Eßgewohnheiten abgelegt hat.

Dennoch umfaßt die Hypnose weit mehr, als im Rahmen einer Unterhaltungsshow auf offener Bühne ein paar Suggestionen an eine Versuchsperson zu richten oder mittels Hypnotherapie jemandem das Rauchen abzugewöhnen. Im folgenden werden wir die verschiedenen Einsatzmöglichkeiten der Hypnose innerhalb und außerhalb des therapeutischen Kontextes betrachten.

In den nun folgenden Abschnitten werden die verschiedenen Techniken kurz erläutert, und es wird aufgeführt, welche spezifischen Problembereiche sich damit behandeln lassen. Diese Aufstellung ist lediglich als allgemeine Richtlinie zu betrachten. So wird etwa das Thema »Gewichtsreduzierung« sowohl im Abschnitt über die Suggestions- als auch über die analytische Therapie genannt. Dies liegt daran, daß der eine Hypnotherapeut womöglich die Meinung vertritt, Gewichtsprobleme seien generell mit Suggestionstherapie zu behandeln, während ein anderer diese allein nicht für ausreichend hält und herausfinden möchte, *warum* sein Klient zuviel ißt, um ihm auf diese Weise bei der Lösung seines Problems zu helfen.

Suggestionstherapie

Die wesentlichen Anwendungsgebiete für die Suggestionstherapie sind:

⬦ Asthma
⬦ Bettnässen
⬦ Geburtshilfe
⬦ mangelndes Selbstvertrauen
⬦ Entfaltung der Kreativität
⬦ Prüfungsängste
⬦ Haareraufen
⬦ Steigerung der sportlichen Leistungsfähigkeit
⬦ Schlaflosigkeit
⬦ mangelnde Motivation
⬦ Nägelkauen
⬦ Schmerzlinderung

- ✧ sexuelle Probleme
- ✧ Raucherentwöhnung
- ✧ Streßabbau
- ✧ Zähneknirschen
- ✧ Geschwüre
- ✧ Gewichtsreduzierung

Wie der Name bereits verrät, stellt der Hypnotherapeut seinem Klienten bei dieser Methode bestimmte Suggestionen zur Verfügung, die ihm helfen sollen, eine bestimmte Verhaltens- oder Reaktionsweise zu verändern. Im Zustand der Hypnose werden Suggestionen leichter akzeptiert, weil die Kritikfähigkeit des Bewußtseins herabgesetzt ist. Stellen wir uns das Bewußtsein einmal als Wachhund vor, der die Pforten des Unterbewußtseins hütet; wird ein Mensch in Hypnose versetzt, so beruhigt das den Wachhund, so daß er sich hinlegt und vor sich hin döst, während der Therapeut sich auf Zehenspitzen an ihm vorbeischleicht und dem Unterbewußtsein positive Suggestionen überbringt.

Ist die Suggestion im Unterbewußtsein angelangt, wird der Klient nach dem Auftauchen aus der Trance die gewünschte Verhaltens- oder Reaktionsweise auf mehr oder weniger deutliche Weise umsetzen. Der Erfolg hängt weitgehend von der Qualität der Suggestionen und dem Rapport zwischen dem Therapeuten und seinem Klienten ab. Suggestionen zu geben ist fast so, als würde man eine Kassette überspielen und dabei eine alte Botschaft durch eine positivere neue ersetzen. Wann immer wir von nun an das Band anhören, wird es uns den neuen Text vorspielen. Anstatt zu denken: »Ich *brauche* eine Zigarette, weil ich so gestreßt bin!«, denken wir jetzt: »Ich genieße es, wie kühle, saubere Luft durch meine Lunge strömt, und werde dabei immer entspannter.« Anstatt uns von einem Übermaß an Arbeit unter Druck setzen zu lassen, denken wir jetzt: »Ich werde es schaffen!«, während wir in aller Ruhe eines nach dem anderen erledigen.

Der Therapeut kann seinem Klienten eine verbale oder bildhafte Suggestion geben. Hier einige Beispiele:

Nägelkauen
Verbal: »Sie bleiben ruhig und entspannt und lassen es zu, daß Ihre Fingernägel zur gewünschten Länge wachsen.«

Bildhaft: »Stellen Sie sich vor, wie Sie Ihre Hände betrachten – Ihre Fingernägel sind sorgfältig gepflegt und haben genau die richtige Länge.«

Rauchen
Verbal: »Sie sind von jetzt an Nichtraucher, und es fällt Ihnen ganz leicht.«

Bildhaft: »Stellen Sie sich vor, Sie können in Ihren Körper hineinschauen und sehen, wie Ihre Lunge mit Teer überzogen ist. Mit jedem Tag, an dem Sie nicht rauchen, sehen Sie mehr und mehr rosa Stellen entstehen.«

Gewichtsreduzierung
Verbal: »Sie verspüren immer weniger Hunger und sind mit sehr viel weniger Essen zufrieden als früher.«

Bildhaft: »Stellen Sie sich vor, wie Sie sich in einem großen Spiegel betrachten. Sie tragen Kleidung, die eine Nummer kleiner ist als jetzt, und sie sitzt wie angegossen!«

Die meisten Therapeuten arbeiten mit einer Mischung aus verbalen und bildhaften Suggestionen. Verbale Botschaften sind sehr hilfreich, denn sie sind wie Schlüsselsätze, die uns im Laufe des Tages immer wieder in den Sinn kommen, sobald wir uns in der einst problematischen Situation befinden. Wir können diesen Schlüsselsatz (»Ich werde es schaffen!«; »Ich bin ruhig und entspannt«) auch wie eine positive Affirmation bewußt wiederholen, um die Wirksamkeit der posthypnotischen Suggestion noch zu vertiefen.

Bildhafte Suggestionen hingegen zeichnen sich durch ihre dreidimensionale Wirkung aus. Bei vielen Menschen löst beispielsweise das Bild, wie sie vor einem Spiegel stehen und auf die gewünschte Kleidergröße abgenommen haben, eher ein positives Gefühl aus als die verbale Botschaft: »Ich nehme einfach und mühelos ab.« Dies liegt vielleicht daran, daß das Unterbewußtsein in gewisser Hinsicht wie ein kleines Kind ist – es liebt Cartoons über alles! Gibt man ihm also Bilder und Worte, so reagiert es noch enthusiastischer.

Manche Menschen befürchten, daß sie sich keine Bilder vorstellen und aus diesem Grunde von einer Suggestionstherapie nicht wirklich profitieren könnten; sie sind überzeugt, keine Vorstellungskraft zu haben. Doch selbst das ist kein Hindernis für eine Hypnotherapie.

Zu visualisieren bedeutet, etwas vor seinem geistigen Auge vorüberziehen zu sehen, und ein jeder von uns visualisiert Tag für Tag auf ganz natürliche Weise. Wann immer uns jemand nach dem Weg fragt, müssen wir in Gedanken die Route rekonstruieren. Wann immer uns jemand von seinem Urlaub erzählt, lassen wir automatisch Bilder in unserem Kopf entstehen. Denken Sie einmal daran, wie Sie ins Kino gegangen sind, um sich einen Film anzusehen, zu dem Sie *vorher* das Buch gelesen hatten. Sie waren sicherlich enttäuscht, weil die Darsteller auf der Leinwand *nicht so aussahen, wie Sie sie sich beim Lesen des Buches vorgestellt hatten.*

Ein geistiges Bild ist für die meisten Menschen sehr viel undeutlicher als das, was sie mit offenen Augen sehen; es ist vielmehr so, als hätte man eine Vorstellung davon, wie etwas aussieht, und nicht so sehr, als entstünde da in unserem Kopf ein klar umrissenes, definitives Bild. Solange Sie in der Lage sind, einem anderen in groben Zügen zu beschreiben, was Sie sich vorgestellt haben, ist Ihre Fähigkeit zur Visualisierung für Hypnotherapie völlig ausreichend.

Was ist aber mit der Suggestibilität, also der Beeinflußbarkeit mittels Suggestionen? Kann jeder hypnotisiert werden, und welche Eigenschaften sind es, die einen Menschen besonders suggestibel machen? Forschungen in den USA, Kanada, Australien und Deutschland sind in dieser Hinsicht zu sehr ähnlichen Ergebnissen gelangt. Ungefähr zehn Prozent der Menschen sind hoch suggestibel, weitere zehn Prozent sind extrem schwer beeinflußbar, und die restlichen achtzig Prozent liegen irgendwo dazwischen.

Häufig wird fälschlicherweise angenommen, daß nur willensschwache oder leichtgläubige Menschen hypnotisiert werden könnten. Doch dem ist nicht so. Gerade die relativ Intelligenten, Kreativen und Phantasiebegabten – und allen voran Kinder – eignen sich besonders gut. Schwer zu hypnotisieren sind hingegen Menschen von entweder sehr geringer Intelligenz oder extremer Angst vor Kontrollverlust oder aber auch solche, deren Genußfähigkeit beeinträchtigt ist.

Hier ein Fragebogen, mit dessen Hilfe Sie feststellen können, ob Sie zu den neunzig Prozent gehören, die sich gut hypnotisieren lassen. Beantworten Sie jede Frage mit »ja« oder »nein«; geben Sie sich für jedes »ja« einen Punkt.

1. Haben Sie schon einmal erfolgreich mit Entspannungstechniken wie Yoga oder Meditation gearbeitet?
2 Haben Sie eine künstlerische Neigung und/oder Begabung?
3. Können Sie sich so in eine Tätigkeit vertiefen, daß Sie darüber die Zeit vergessen?
4. Können Sie sich so in Ihren Gedanken verlieren, daß Sie »in einer anderen Welt« sind?
5. Wenn Sie sich einen guten Film ansehen, zieht er Sie manchmal so in seinen Bann, daß Sie das Gefühl haben, in die Handlung hineingezogen zu werden?
6. Lösen angenehme Erinnerungen angenehme Empfindungen in Ihnen aus?

7. Lassen unangenehme Erinnerungen ein Gefühl der Unbehaglichkeit in Ihnen aufsteigen?
8 Haben Sie eine lebhafte Phantasie?
9. Können Sie Ihre Gefühle leicht zum Ausdruck bringen?
10. Gibt es Menschen, denen Sie vollkommen vertrauen?

0–2 Punkte: Sie sind nicht leicht zu hypnotisieren.
3–8 Punkte: Sie gehören zu den achtzig Prozent derjenigen, die durchschnittlich bis gut zu hypnotisieren sind.
9–10 Punkte: Sie sind der Traum eines jeden Hypnotherapeuten!

Die Suggestionstherapie ist ein hochwirksames Mittel zur Behandlung der verschiedensten Probleme, von negativen Angewohnheiten bis zur verminderten Leistungsfähigkeit; vorausgesetzt, der Klient weist eine angemessene Suggestibilität auf (dazu muß er nicht unbedingt zu den oberen zehn Prozent gehören), sollten eine bis drei Sitzungen genügen, um die gewünschte Veränderung herbeizuführen. Dabei kommt es noch nicht einmal darauf an, daran zu glauben, daß einem die Hypnotherapie helfen kann. Viele eingefleischte Raucher, die sechzig bis hundert Zigaretten am Tag konsumierten und starke Zweifel daran hatten, daß sie sich wirklich von ihrer Gewohnheit würden lösen können, konnten eines Besseren belehrt werden: Als sie es, gewissermaßen als letzte Rettung, schließlich doch noch mit der Hypnotherapie versuchten, zeigte sich, daß sie das Rauchen ungeachtet aller Skepsis dennoch aufgeben konnten.

Es gibt jedoch Umstände, unter denen Suggestionen für den Betreffenden unwirksam bleiben. Gelegentlich wird mit einem bestimmten Verhalten ein sehr viel tiefer gehendes Problem überdeckt. So kommt ein Klient womöglich zur Gewichtsreduzierung in die Praxis, sein tatsächliches Problem aber ist Angst. Oder aber ein im kreativen Gewerbe tätiger Klient, der eine Blockade hat, spricht nicht auf positive Suggestionen an, weil seine Schwierigkeiten auf mehrere traumatische Erlebnisse aus der Vergangenheit zurückzuführen sind; irgendein Ereignis in der Gegenwart hat nun die negativen Gefühle im Zusammenhang mit dem vergangenen Trauma reaktiviert. In solchen Fällen muß mittels analytischer Hypnotherapie an der Auflösung der eigentliche Ursache gearbeitet werden; die anderen Symptome werden dabei automatisch verschwinden. Mehr hierzu erfahren Sie auf Seite 39.

Ein weiterer Grund dafür, daß Suggestionen wirkungslos bleiben, könnte darin liegen, daß der Klient einen sekundären Gewinn aus seinem Problem bezieht. So mag eine Frau mit Verspannungskopfschmerzen in die Praxis kommen, die sich jedoch als therapieresistent erweisen. Bei näherem Hinsehen könnte sich herausstellen, daß sie nur dann Rücksichtnahme und Wärme von ihrer Familie bekommt, wenn es ihr schlechtgeht; indem sie also an ihren Symptomen festhält, bekommt sie die so dringend benötigte Aufmerksamkeit, die sie sich ihrer Ansicht nach auf andere Weise nicht verschaffen kann. In diesem Fall geht es natürlich darum, der Klientin zu helfen, mehr Selbstvertrauen zu gewinnen, um sie in die Lage zu versetzen, ihrer Familie den Wunsch nach Aufmerksamkeit auf konstruktivere Art und Weise zu vermitteln.

Was der Wirksamkeit von Suggestionen im Unterbewußtsein ebenfalls im Wege stehen kann, ist eine ablehnende oder mißtrauische Haltung gegenüber dem Therapeuten. Wenn wir uns in seiner Gegenwart unbehaglich fühlen, können wir uns wahrscheinlich nicht richtig entspannen und auf die Suggestionen einlassen. Auch wenn die Suggestionen gegen unsere Moralvorstellungen verstoßen oder für uns keinen Sinn ergeben, werden wir sie einfach zurückweisen. Aus diesem Grund muß sich der Therapeut über das Problem detailliert informieren, um für jeden einzelnen Fall angemessene Suggestionen formulieren zu können. Denken Sie daran: Man kann Sie nicht gegen Ihren Willen hypnotisieren, und Sie werden keine Suggestionen verinnerlichen, mit denen Sie nicht einverstanden sind.

Desensibilisierungstherapie

Die Desensibilisierungstherapie hat eine ganze Reihe von Gemeinsamkeiten mit der reinen Suggestionstherapie; es gibt jedoch genügend Unterschiede, um ihr einen eigenen Abschnitt zu widmen.

Desensibilisierungstherapie bedeutet, sich einer beängstigenden Situation oder Sache schrittweise zu nähern, bis sie in dem Betreffenden keine Angst mehr auslöst. Jeder einzelne Schritt wird zunächst mental unter Hypnose geübt; sobald der Klient in der mentalen Auseinandersetzung keine Beunruhigung mehr verspürt, wird er ermutigt, seinen Erfolg in der Praxis zu testen.

Ängste und Phobien sind die Hauptanwendungsgebiete der Desensibilisierungstherapie. Nachstehend einige Beispiele; bedenken Sie jedoch, daß die Liste alles andere als vollständig ist.

Desensibilisierung kann bei folgenden Ängsten helfen:

✧ Angst vor Tieren oder Insekten (Spinnen, Mäuse, Schlangen, Würmer, Katzen, Hunde, Vögel und so weiter)
✧ Angst vor dem Alleinsein
✧ Angst vor dem Überqueren von Brücken
✧ Angst vor Menschenmengen
✧ Angst vor Dunkelheit
✧ Angst vor dem Essen in der Öffentlichkeit
✧ Angst vor engen Räumen (Aufzüge, U-Bahnen, Flugzeuge)
✧ Höhenangst
✧ Angst vor Krankheiten
✧ Angst vor dem Wasser

Bei Ängsten und Phobien kann die Desensibilisierung sowohl in einer vom Therapeuten eingeleiteten als auch in einer selbstinduzierten Hypnose durchgeführt werden. Eine Phobie unterscheidet sich von einer gewöhnlichen Angst in drei Faktoren:

a) Sie besteht über einen längeren Zeitraum hinweg.
b) Die Angst ist eindeutig irrational, doch der Betreffende ist dennoch außerstande, sie abzulegen.
c) Der Betreffende versucht, die beängstigende Situation oder Sache zu meiden.

Nicht alle Ängste und Phobien bedürfen der Desensibilisierung; sind sie nicht zu schwerwiegend und noch nicht allzu lange vorhanden, kann der Hypnotherapeut sie eventuell mittels einfacher Suggestionstherapie erfolgreich behandeln. Manche Therapeuten beginnen ungeachtet der Schwere eines Falles stets mit der Suggestionstherapie und gehen dann zur Desensibilisierungs- oder analytischen Hypnotherapie über, wenn sich der gewünschte Erfolg allein mit Suggestionen nicht einstellt.

Im Rahmen der Desensibilisierungstherapie stellt der Therapeut zunächst einmal sicher, daß sein Klient im Zustand der Hypnose physisch gut entspannen kann; hierfür sind mindestens ein bis zwei Sitzungen erforderlich. Da Ängste und Phobien oftmals streßinduziert sind, wird ihnen in vielen Fällen schon allein dadurch die Spitze genommen, wenn es dem Betreffenden gelingt, ganz allgemein ruhiger und entspannter zu sein.

Als nächstes gilt es, die Schritte festzulegen, die der Klient machen kann, um sich der schwierigen Situation oder Sache angstfrei zu nähern. Stellen wir uns beispielsweise vor, Sie hätten Angst vor Aufzügen, und nehmen wir weiterhin an, Ihre Angst sei so groß, daß Sie das ganze letzte Jahr über Aufzüge generell gemieden hätten. Ihr Ziel wäre also ganz offensichtlich, einen Aufzug zu betreten und ruhig und entspannt zu bleiben, ganz gleich wie viele Stockwerke Sie hinauf- oder herunterfahren würden.

Der Therapeut wird zunächst damit beginnen, den Weg zu dem angestrebten Ziel in einzelne kleine, leichter zu bewältigende Schritte zu unterteilen. Dies könnte folgendermaßen aussehen:

1. Sich neben die Tür des Aufzugs stellen und zusehen, wie die Türen auf- und zugehen, während andere Menschen ihn benutzen und dabei die ganze Zeit über ruhig und entspannt bleiben.
2. Den Knopf drücken, um den Aufzug zu rufen, und zusehen, wie die Türen auf- und zugehen, dabei aber immer noch draußen bleiben.
3. Den Aufzug per Knopfdruck herbeirufen, einsteigen, bei gedrücktem »Tür auf«-Knopf einige Augenblicke lang darin bleiben und dann wieder aussteigen.
4. Den Aufzug rufen, einsteigen, die Türen zugehen lassen und ein Stockwerk höher oder tiefer fahren.

Nachdem der Therapeut Sie in einen angenehmen hypnotischen Entspannungszustand versetzt hat, führt er Sie durch den ersten Schritt, indem er beschreibt, wie Sie neben dem Aufzug stehen und zusehen, wie andere Menschen ihn benutzen. Er hat mit Ihnen vielleicht ein Signal vereinbart, wie das Heben eines Fingers, so daß Sie ihm jederzeit mitteilen können, wenn es Ihnen unangenehm wird. Löst die Beschreibung eines Schrittes Spannungen in Ihnen aus, so geht der Therapeut einen Schritt zurück. Bereitet Ihnen der erste Schritt keine Probleme, dann bittet Sie der Therapeut, dies in der Praxis zu überprüfen und sich in nächster Zeit einmal tatsächlich neben einen Aufzug zu stellen.

Verspannt sich der Klient allein bei dem Gedanken an die phobieauslösende Situation oder Sache, kann der Therapeut ihn bitten, sich eine Leinwand vorzustellen und das Objekt seiner Angst darauf zu projizieren, um so mehr Abstand dazu zu gewinnen und ruhiger zu bleiben.

Manche Menschen haben beispielswcise solche Angst vor Schlangen und Würmern, daß sie sie nicht einmal auf einem Foto ansehen können, ohne in helle Aufregung oder gar Panik zu geraten. In einem solchen Fall kann der Therapeut vorschlagen, sich die Schlange oder den Wurm als Zeichentrickfigur vorzustellen, die einen albernen Hut oder eine Brille trägt.

Zusätzlich zur Arbeit während der Sitzungen kann der Therapeut seinem Klienten eine Autosuggestionskassette zur allgemeinen Entspannung mit nach Hause geben, um sie sich als »Hausaufgabe« für die Dauer der Therapie regelmäßig anzuhören. Dadurch wird das Streßniveau insgesamt reduziert; der Klient wird ruhiger und empfindet mehr Kontrolle über seine Schwierigkeiten, was zu einer Reduzierung seiner Ängste führt.

Es kommt also bei der Desensibilisierungstherapie darauf an, mit dem kleinstmöglichen Schritt zu beginnen, den der Klient im Zustand der Hypnose ruhig und entspannt machen kann. Anschließend baut der Therapeut das Selbstvertrauen des Klienten langsam auf, indem er nach und nach immer weitere Schritte hinzufügt, bis das Ziel – das angstfreie Durchleben der realen Situation – erreicht ist.

Analytische Hypnotherapie

Diese Form der Hypnotherapie heißt auch Hypnoanalyse. Ihr Ziel ist es, die tiefere Ursache eines Symptoms aufzudecken. Sind die Gründe für ein bestimmtes Verhalten erst einmal erkannt, so kann dieses beseitigt werden.

Die Hauptanwendungsgebiete der analytischen Hypnotherapie sind:

◇ Suchtverhalten
◇ Angst
◇ Asthma
◇ Depressionen
◇ Eßstörungen (Freßsucht, Anorexie, Bulimie)
◇ Ekzeme
◇ mangelndes Selbstvertrauen
◇ mangelndes Selbstwertgefühl
◇ Besessenheit und Zwänge
◇ Panikanfälle
◇ Phobien
◇ Psoriasis
◇ sexuelle Probleme
◇ Gewichtsreduzierung

Folgendes Beispiel soll die Funktionsweise der analytischen Hypnotherapie veranschaulichen:

Anna, eine vierundzwanzigjährige Frau, litt solange sie denken konnte unter ihrem mangelnden Selbstwertgefühl. Wann immer sie in Gesellschaft war, machte sie sich selbst nieder, und was auch immer sie tun wollte, sie erwartete stets, es nicht zu schaffen. Sie entschloß sich zu einer Therapie, nachdem sie einen netten Mann vergrault hatte, der Interesse an ihr gezeigt hatte, nur weil sie meinte, ihn nicht zu verdienen. Sie erkannte, daß sie ihn durch ihr barsches Verhalten brüskiert hatte, und wollte ihr Problem jetzt bearbeiten, damit ihr beim nächsten Mal nicht das gleiche noch einmal geschehen würde.

In der Hypnotherapie half ich Anna, das Gefühl der eigenen Wertlosigkeit zu erkunden und es zu seiner eigentlichen Ursache zurückzuverfolgen. Anna erinnerte sich daran, wie sie sich in der Schule unfähig und dumm vorgekommen war, als ein Lehrer, der ihr nicht sonderlich wohlgesonnen war, sich einen Spaß daraus gemacht hatte, sie vor aller Welt bloßzustellen. Dies war aber nicht das erste Mal, daß man Anna zu verstehen gegeben hatte, was für ein nutzloses Ding sie sei. Als Anna bei dem Erkunden ihrer Gefühle der Wertlosigkeit und des Abgelehntwerdens einen weiteren Schritt zurückging, fiel ihr ein, wie ihr Vater sie andauernd kritisiert und sie niemals für irgend etwas gelobt hatte, während ihr Bruder in seinen Augen nie etwas hatte falsch machen können. Auch Annas Mutter, eine ruhige, in sich gekehrte Frau, war ihr keine große Hilfe gewesen; sie hielt sich aus allem heraus und nahm ihre Tochter nie vor dem Vater in Schutz. Als die Schulprobleme begannen und der Lehrer anfing, auf Anna herumzuhacken, hatte sie niemanden, an den sie sich wenden konnte. Ihre Mutter war nicht interessiert, und ihr Vater winkte einfach nur ab und meinte, sie müsse wohl etwas angestellt haben, um den Zorn des Lehrers auf sich zu ziehen.

Während unserer Sitzungen half ich Anna, sich mit ihren Erinnerungen an den Lehrer und ihre Eltern auseinanderzusetzen, so daß sie all die aufgestauten Emotionen der Verzweiflung, der Hoffnungslosigkeit und der Wut herauslassen konnte. Sie erkannte außerdem, daß diese Gefühle der Vergangenheit angehörten und daß sie alles andere als wertlos war, man sie aber so behandelt hatte. Es gelang ihr, Abstand von der Kritik ihres Vaters zu nehmen und sein hartes Urteil als eine Meinung zu betrachten, die sie, Anna, nun nicht mehr teilte. Noch während sie zur hypnotherapeutischen Behandlung kam, gewann sie zusehends an Selbstvertrauen, und als wir diese nach zehn Sitzungen beendeten, war aus ihr eine strahlende, selbstbewußte Frau geworden. Sie bewarb sich um eine neue, besser bezahlte Stelle und lernte nach einiger Zeit einen sympathischen Mann kennen, den sie nun auch zu verdienen glaubte. Kurze Zeit später heirateten die beiden.

Ich wandte bei Anna eine Technik an, die als *Regression* bezeichnet wird. Dabei wird der Klient aufgefordert, in sein augenblickliches Gefühl hineinzuspüren und zurückzuverfolgen, wann es schon einmal aufgetreten ist. Dies führt uns oftmals bis in die Kindheit zurück. Während unserer Kindheit sind wir besonders empfänglich für das, was Erwachsene zu oder über uns sagen. Bekommen wir ein starkes negatives *Feedback* über unsere Person, so leidet darunter unser Selbstbild, und es prägt sich ein Muster ein, nach dem wir später als Erwachsene über uns selbst und andere denken. Anna beispielsweise hatte durch das Verhalten ihrer Eltern und ihres Lehrers erfahren, daß sie unzulänglich und unbedeutend sei und zu Hause keine Hilfe zu erwarten habe, selbst wenn sie ihrer noch so dringend bedurfte. Und so richtete sie ihr Leben entsprechend ein – noch bevor irgendein anderer eine Bemerkung darüber machen konnte, wie wertlos sie sei, kam sie allen zuvor und sagte es selbst; waren die anderen nett zu ihr, ging sie davon aus, daß sie sie entweder belogen oder einfach nur versuchten, höflich zu sein, oder aber daß sie schlichtweg zu dumm waren, um zu erkennen, daß sie ihre Aufmerksamkeit nicht verdiente. Daß sie unwirsch reagierte, war nur natürlich, da sie doch glaubte, daß jeder, der nett zu ihr war, auf sie herabschaute oder grenzenlos dumm sein mußte.

Bei der analytischen Hypnotherapie stehen die Erinnerungen des Klienten im Mittelpunkt, und infolgedessen muß dieser während der Hypnose sprechen. Im Zustand der hypnotischen Trance sind Konzentrationsfähigkeit und Erinnerungsvermögen so sehr gesteigert, daß es sehr viel leichter wird, Zugang zu den Ereignissen der Vergangenheit zu erlangen. Manche Personen können sich mit überraschender Detailgenauigkeit an Erlebnisse aus frühester Kindheit erinnern – sie können beschreiben, welches Muster die Tapete hatte, die sie von ihrem Laufstall aus sahen, und berichten sogar noch von der Zeit, als sie als Säugling in der Wiege lagen! Es hat jedoch nicht jeder so detaillierte und lebhafte Erinnerungen an seine früheste Kindheit. Glücklicherweise ist das auch nicht wichtig, denn jeder hat zumindest zu einigen relevanten Begebenheiten direkten oder indirekten Zugang.

Erinnerungen werden bisweilen unterdrückt, weil das ursprüngliche Ereignis seinerzeit als so traumatisch erlebt wurde, daß der Klient als Person nur dadurch intakt bleiben konnte, daß er jeden Gedanken daran verdrängte. Zu einer solchen Unterdrückung kann es kommen, wenn man Zeuge eines Gewaltaktes oder tragischen Unfalls wurde oder diesen direkt am eigenen Leib erfahren hat; auch bei Opfern von sexuellem Mißbrauch ist sie häufig zu beobachten. Denken Sie daran, daß solche Erinnerungen nicht *zwangsläufig* unterdrückt werden, sondern gelegentlich bei manchen Menschen unterdrückt werden *können*. In einem solchen Fall kann die Hypnose das ursprüngliche Trauma aufdecken und ans Licht bringen, so daß der Klient es bearbeiten und überwinden kann. Solange ein traumatisches Ereignis im verborgenen bleibt, hat es Macht über den Menschen, denn es kann Depressionen, Selbsthaß, Angst und ähnliches auslösen.

Im Laufe der Jahre wurden zahlreiche Diskussionen darüber geführt, ob nun der analytischen oder der suggestiven Therapie der Vorzug zu geben sei. Manche meinten, es sei gefährlich, sich verborgene Erinnerungen anzusehen; sie seien schließlich aus gutem Grund vergraben worden, und deshalb sollte man sie tunlichst in Ruhe lassen. Dieser Einwand gegen die Analyse ist sicherlich gerechtfertigt, wenn der Therapeut seinen Klienten das alte Trauma noch einmal durchleben läßt, ohne ihm anschließend bei der Aufarbeitung zu helfen. Einen Klienten mit seiner schwierigen Erinnerung allein zu lassen ist schlichtweg verantwortungslos. Jeder gut ausgebildete Hypnoanalytiker weiß, daß ein Klient dringend auf seinen Beistand angewiesen ist, wenn eine traumatische Erinnerung an die Oberfläche dringt.

Tatsache ist jedoch, daß die Mehrzahl der Klienten, die eine analytische Hypnotherapie machen, keine unterdrückten Extremerinnerungen in sich tragen. Die meisten rufen sich unter Hypnose Dinge ins Gedächtnis, von denen sie ohnehin wußten, jedoch mit einem wesentlichen Unterschied: Sie hatten vergessen, welch massiven Eindruck die Situation damals bei ihnen hinterlassen hat.

Hier einige Beispiele für vergangene Ereignisse, die oftmals Ursache für heutige Probleme sein können:

✧ überkritisches Verhalten von einem oder beiden Elternteilen
✧ Ignoriertwerden von einem oder beiden Elternteilen
✧ Drangsalierungen von Klassenkameraden oder Lehrern
✧ Zurücksetzung gegenüber Geschwistern
✧ Gefühl, als Kind »anders« zu sein, weil
  – man ohne Vater/Mutter aufwächst
  – man aus einer anderen sozialen Schicht kommt
    als die Klassenkameraden (reicher *oder* ärmer)
  – man eine physische Behinderung hat
✧ Emotionale Grausamkeit/Erpressung durch Menschen, von denen man abhängig ist
✧ Schuldgefühle wegen eines Fehlers, den man begangen hat
✧ Verwicklung in eine als ausgesprochen peinlich empfundene Situation
✧ physische Mißhandlung/sexueller Mißbrauch

Werden vergangene Traumata unter Hypnose erneut durchlebt, so hilft das dem Klienten dabei, aufgestaute Emotionen freizusetzen und die Vergangenheit loszulassen. Manchmal bricht der Betreffende bei diesem Prozeß (*Abreaktion* genannt) in Tränen aus; ein andermal wird er ganz still in der Erkenntnis, daß ihm in der Vergangenheit etwas widerfahren ist, woran er keinerlei Schuld trägt – eine Tatsache, die ihm ein Gefühl der großen Erleichterung gibt.

Hypnose ist von unschätzbarem Wert, wenn es darum geht, Zugang zu alten Erinnerungen zu erlangen, doch sie ist keine »Wahrheitsdroge«, die uns Dinge sagen läßt, über die wir nicht sprechen möchten. Ein Klient kann im Zustand der Hypnose ohne weiteres Informationen zurückhalten. Vielleicht erinnert er sich an eine als peinlich empfundene Situation, über die er nicht sprechen möchte, und er entschließt sich, das Ganze unerwähnt zu lassen. Der Therapeut weist seinen Klienten in der Regel beim Erstgespräch darauf hin, daß solche Situationen auftauchen können, und er wird ihn ermutigen, seine Widerstände zu überwinden. Jeder Widerstand zeugt davon, daß das betreffende Ereignis emotional noch nicht verarbeitet ist.

Es gibt zwei Möglichkeiten, um unter Hypnose Zugang zu seinen Erinnerungen zu erlangen. Menschen aus der Gruppe der zehn Prozent von extrem suggestiblen Persönlichkeiten *(siehe Seite 30)* haben das Gefühl, »in« ihrer Erinnerung zu sein. Gehen sie zu einem Alter von fünf Jahren zurück, sprechen sie auf einmal in kindhaftem Tonfall und verwenden das reduzierte Vokabular eines Kleinkindes. Die meisten Menschen aber regredieren nur teilweise; das heißt, sie erinnern sich zwar an vergangene Ereignisse, sind sich aber dennoch bewußt, daß sie über eine Erinnerung sprechen. Mit anderen Worten: Sie denken auf zwei Ebenen – einerseits erinnern sie sich, andererseits aber halten sie immer noch an der Gegenwart fest. Doch ob ein Mensch nun ganz oder teilweise in die Regression hineingeht, hat keinen Einfluß auf den Erfolg der analytischen Hypnotherapie. Wie tief wir in Trance gehen können, hängt von unserer Veranlagung ab; glücklicherweise aber ist ein positives Ergebnis unabhängig von der Tiefe der Hypnose.

Selbsthypnose

Bei der Selbsthypnose übernehmen Sie selbst die Funktion des Therapeuten und nutzen die Kraft Ihres Unterbewußtseins, um bestimmte Gewohnheiten oder Verhaltensweisen zu beeinflussen. Die Hauptanwendungsgebiete für die Selbsthypnose sind:

◇ Verbesserung der Lernfähigkeit
◇ Unterstützung des Genesungsprozesses nach Krankheiten
◇ Stärkung des Selbstvertrauens
◇ Entfaltung der Kreativität
◇ Prüfungsängste
◇ Haareraufen
◇ Leistungssteigerung
◇ Nägelkauen
◇ Schmerzlinderung
◇ Hautzupfen
◇ Schlafstörungen
◇ Raucherentwöhnung
◇ Verspannungskopfschmerzen
◇ Gewichtsreduzierung

Selbsthypnose ist ein ideales Mittel, um die oben aufgeführten Probleme zu bewältigen. Zur Behandlung einiger der Symptome werden von Ärzten oftmals Tranquilizer, Schmerzmittel oder Betablocker verordnet, obwohl man diese gut mit Hypnose in den Griff bekommen kann – und das auf angenehme, nebenwirkungsfreie und meistens weitaus effizientere Weise. Wenn Sie selbst unter einem der genannten Probleme leiden und keine schwerwiegenderen, emotionalen Ursachen den Hintergrund dafür bilden, so können Sie lernen, mit Hilfe der Selbsthypnose positive Suggestionen in Ihr Unterbewußtsein einzuschleusen und sich so zu helfen.

Um erfolgreich mit Selbsthypnose arbeiten zu können, müssen Sie einige wenige Techniken erlernen und ein paar einfache Regeln beachten.

Ein Ziel formulieren

Seien Sie in der Beschreibung Ihrer Wünsche so konkret wie möglich. Ohne ein klares Ziel vor Augen wird es Ihnen schwerfallen, die richtigen Suggestionen und Bilder zu wählen.

- Wenn Sie abnehmen möchten: Wie viele Kilos sollen es sein?
- Wenn Sie weniger rauchen möchten: Auf wie viele Zigaretten wollen Sie Ihren Verbrauch drosseln?
- Wenn Sie sich mehr Selbstvertrauen wünschen: Mit welcher Situation wollen Sie besser fertig werden?

Setzen Sie sich klare Ziele und gehen Sie sie eins nach dem anderen an. Womöglich möchten Sie besser Tennis spielen lernen, sieben Pfund abnehmen *und* Ihre Gedächtnisleistung verbessern. Das ist in Ordnung, doch versuchen Sie nicht, an allen drei Dingen auf einmal zu arbeiten. Wählen Sie das Ziel aus, das Ihnen, aus welchem Grund auch immer, am wichtigsten erscheint; mit den anderen Themen können Sie sich ein andermal befassen.

Einen Suggestionstext erstellen

Als nächstes schreiben Sie eine Reihe von Suggestionen auf, die Ihnen helfen können, das gewählte Ziel zu erreichen. Hier einige Beispiele:

Angst vor der Fahrprüfung
Ihr Ziel ist es, die Fahrprüfung abzulegen und dabei ruhig und entspannt zu bleiben:
»Ich bin ruhig und entspannt, meine Atmung ist ruhig

und gleichmäßig. Ich bin gut vorbereitet und während der Übungsstunden erfolgreich Auto gefahren. Alles ist in Ordnung. Ich bin bereit und gut in der Lage, mein Können bei der Fahrprüfung unter Beweis zu stellen. Ich bin ruhig und konzentriert, wenn ich mich ins Auto setze, um mit der Prüfung zu beginnen. Alles verläuft reibungslos und leicht. Ich bin ruhig und konzentriert; alles geht gut. Ich kann mich mühelos an die Regeln erinnern und fahre sicher und vorschriftsmäßig. Ich atme ruhig und gleichmäßig, meine Bewegungen sind fließend und sicher, mein Geist ist leicht und frei. Nach vollbrachter Prüfung gratulieren mir der Prüfer und mein Fahrlehrer zu meiner hervorragenden Leistung.«

Gewichtsreduzierung
Ihr Ziel ist es, fünf Pfund abzunehmen:
»Ich bin jetzt bereit, die überschüssigen Pfunde loszulassen, die ich nicht mehr brauche oder haben will. Ich lasse das überschüssige Gewicht leicht und mühelos gehen. Mein Hungergefühl wird immer schwächer und schwächer; es ist, als wäre mein Magen ein wenig geschrumpft und könnte einfach nicht mehr soviel Nahrung aufnehmen wie früher. Mit jedem Tag fühle ich mich leichter und freier, und die überflüssigen Pfunde purzeln eines nach dem anderen. Es ist ganz einfach! Ich nehme bescheidene Portionen gehaltvoller Nahrung zu mir und bin zufrieden und satt, vollkommen satt. Ich kann mich schon vor einem großen Spiegel stehen sehen. Ich trage die Jeans/den Rock/das Kleidungsstück [wählen Sie etwas, in das Sie erst dann hineinpassen, wenn Sie tatsächlich fünf Pfund abgenommen haben], und es paßt mir genau. Ich sehe toll aus und fühle mich herrlich, leicht und frei.«

Stärkung des Selbstvertrauens
Ihr Ziel ist es, in geschäftlichen Besprechungen selbstbewußter aufzutreten:

»Wenn ich in die Besprechung hineingehe, bin ich ruhig und entspannt. Es ist mir bewußt, daß ich die meisten Menschen dort kenne, und das gibt mir ein Gefühl der Vertrautheit. Ich unterhalte mich entspannt mit dem Kollegen, der am Konferenztisch neben mir sitzt, und lehne mich bequem zurück. Ich bin ruhig und konzentriere mich darauf, was von anderen gesagt wird. Ich höre aufmerksam zu und setze mich interessiert mit den angesprochenen Themen auseinander. Ich bin gut vorbereitet und beteilige mich mit Beiträgen, die nützlich und für die Besprechung wichtig sind. Ich habe einen guten Eindruck von mir selbst und fühle mich wohl in meiner Haut. Ich spreche flüssig, meine Atmung ist ruhig und gleichmäßig, meine Bewegungen sind locker und entspannt. Ich folge dem Verlauf der Besprechung mit solchem Interesse, daß ich leicht und mühelos mitgerissen werde. Ich trage meine Beiträge selbstbewußt und auf professionelle Weise vor, und nach der Besprechung freue ich mich über mein gekonntes Auftreten.«

Bei der Betrachtung dieser drei Beispiele sind Ihnen möglicherweise bereits einige Gemeinsamkeiten aufgefallen. Hier die Regeln, die beim Schreiben eines Suggestionstextes zu beachten sind:

Positive Formulierungen wählen

Das Unterbewußtsein neigt dazu, Suggestionen wörtlich zu nehmen, und so sollten negative Formulierungen nach Möglichkeit vermieden werden. Also:

»Ich habe Vertrauen« *und nicht* »Ich habe keine Angst«;

»Ich bin ruhig und entspannt« *und nicht* »Ich fühle keinen Streß mehr«;

»Ich esse maßvolle Portionen« *und nicht* »Ich höre auf, zuviel zu essen«.

Sagen Sie, was Sie sich wünschen, und nicht das, was Sie nicht wollen.

In der Gegenwart bleiben

Wenn Sie für Ihre Suggestion die Zukunftsform wählen, so wartet Ihr Unterbewußtsein am Ende unter Umständen darauf, daß das positive Ereignis irgendwann einmal eintritt, statt in der Gegenwart selbst aktiv zu werden. Es ist nicht immer möglich, Suggestionen im Präsens zu formulieren, doch wann immer es geht, sollte man es auch tun. Also:

»Mit jedem Tag gewinne ich an Zuversicht« *und nicht* »Ich werde zuversichtlicher sein«;

»Ich bin ruhig und entspannt und trage mein Anliegen selbstbewußt vor« *und nicht* »Ich werde bei der Besprechung flüssig sprechen«.

Manche Satzkonstruktionen sind jedoch auch im Futur anwendbar. Wenn Sie Probleme mit dem Einschlafen haben, dann ist die Suggestion »Alles wird gut« ausgesprochen hilfreich. Sie wirkt in ihrer kindlichen Einfachheit tröstend und verhilft Körper und Geist zu mehr Zuversicht und Entspannung.

Suggestionen wiederholen

Wiederholen Sie in Ihrem Text ein und dieselbe Botschaft mehrmals; benutzen Sie dabei nach Möglichkeit unterschiedliche Formulierungen, um das Ganze interessanter zu gestalten. Hier einige Beispiele:

»Ich bin ruhig und entspannt. Ich fühle mich geborgen, und ein wunderbares Gefühl der Gelassenheit breitet sich in meinem Körper und meinem Geist aus. Ich genieße dieses stille, ruhige Gefühl in meinem Inneren.«

»Ich lasse mich in einen festen Schlaf hinübergleiten. Ich spüre, wie ich immer schläfriger und schläfriger werde, und mir ist, als würden die Gedanken des Tages nach und nach von mir abfallen. Mein Körper entspannt sich, und mein Geist kommt langsam zur Ruhe.«

Wenn sich etwas nicht mit anderen Worten wiederholen läßt, dann machen Sie sich darüber keine Gedanken. Wiederholen Sie einfach den Satz mehrmals an verschiedenen Stellen Ihres Textes.

Gefühlsbetont formulieren

Je mehr positive Emotionen Ihr Text weckt, desto größer ist die Bereitschaft Ihres Unterbewußtseins, die Suggestion in die Tat umzusetzen. Gehen Sie großzügig mit Worten wie »wunderbar«, »ganz«, »völlig« oder »ausgezeichnet« um. »Ich bin ganz entspannt« wirkt beispielsweise wesentlich stärker als »Ich bin entspannt«; und »Ich bin völlig gelassen« ist besser als »ich bin gelassen«.

Aufs Ganze gehen

Seien Sie beim Erstellen Ihres Suggestionstextes nicht halbherzig und bauen Sie keine Mängel ein, um das Ganze realistischer klingen zu lassen. Suggestionstexte brauchen sich nicht an der Realität zu messen, sie sollen lediglich positive Erwartungen wecken und dadurch eine entspannte, aber konzentrierte Geisteshaltung schaffen. Im Zustand der Entspannung sind wir sehr viel effizienter, was das Ersinnen von Problemlösungen anbelangt. Formulieren Sie Ihren Text also so, daß er Ihnen Sicherheit und Selbstvertrauen gibt; alles andere kommt ganz von allein.

Ohne Vorbereitung geht es nicht

Selbst die allerbesten Suggestionen gegen Prüfungsangst nützen nichts, wenn Sie sich nicht gut auf die Prüfung vorbereitet haben. Keine auch noch so gute Formulierung kann Ihnen helfen, ein Examen zu bestehen, abzunehmen oder irgendein anderes Ziel zu erreichen, wenn Sie nicht zuerst den Grundstock für den Erfolg gelegt haben.

Mit Bildern arbeiten

Wählen Sie so oft wie möglich bildhafte Formulierungen. Vielleicht ist Ihnen aufgefallen, daß in den Beispieltexten zum Thema Gewichtsreduzierung und Führerscheinprüfung Bilder verwendet wurden, um den Suggestionen mehr Tiefe zu geben (»Ich kann mich schon vor einem großen Spiegel stehen sehen«; »Ich bin ruhig und konzentriert, wenn ich mich ins Auto setze, um mit der Prüfung zu beginnen«).

Nachdem Sie jetzt wissen, wie ein Suggestionstext zu formulieren ist, erfahren Sie nun, wie Sie sich selbst in Hypnose versetzen und wieder daraus zurückholen können. Nachfolgend eine einfache Übung für den Anfang. Lesen Sie sich zuerst alle drei Abschnitte der Anleitung durch, bevor Sie es selbst ausprobieren:

Progressive Muskelentspannung

✧ Machen Sie es sich im Sitzen oder Liegen bequem. Lockern Sie enge Kleidungsstücke.

✧ Schließen Sie die Augen. Bleiben Sie einen Augenblick still und achten Sie bewußt darauf, wie Sie auf dem Stuhl sitzen beziehungsweise auf dem Bett liegen. Wo liegt Ihr Kopf, wo Ihre Schultern, Arme und Hände, Ihr Rücken, Ihre Beine und Füße? Bewegen Sie sich nicht; *denken* Sie einfach nur an die einzelnen Körperteile.

✧ Spannen Sie nun die Fußmuskeln an. Halten Sie die Spannung, spüren Sie in sie hinein und lassen Sie sie dann *langsam* wieder los. Während Sie dies tun, stellen Sie sich vor, wie Ihre Füße aussehen, wenn sie angespannt und wieder entspannt sind.

✧ Spannen Sie dann nacheinander eine Muskelpartie nach der anderen an: die Ober- und Unterschenkel, den Bauch, die Brust, Hände und Arme, die Schultern, die Kiefermuskulatur, die Stirn.

Diese Methode hilft Ihnen, sich körperlich zu entspannen und gedanklich zu konzentrieren. Sie geraten dadurch bereits in einen ganz leichten hypnotischen Zustand, der Sie für Suggestionen empfänglich macht. Mit dem nächsten Schritt können Sie nun die Hypnose noch ein wenig vertiefen.

Rückwärtszählen

Zählen Sie still von zehn bis null zurück. Stellen Sie sich dabei vor, wie Sie die Stufen eines herrlichen Treppenhauses hinabsteigen. Mit jeder Stufe, die Sie tiefer hinabsteigen, breitet sich eine immer tiefere Entspannung in Ihnen aus. Wenn Sie am unteren Ende der Treppe angelangt sind, stehen Sie vor einer Tür, die in einen wunderschönen Raum hineinführt. Während Sie die Hand auf die Türklinke legen, sinken Sie noch tiefer in die Entspannung hinein. Sie betreten den Raum, und ein bequemer Sessel wartet dort auf Sie. Während Sie sich in ihn hineinsinken lassen, erreichen Sie Ihre allertiefste Entspannungsebene. Stellen Sie sich vor, daß dieser Raum den Mittelpunkt Ihres Kopfes bildet. In ihm herrschen immer Frieden und Harmonie. In ihm ist alles möglich.

Hochzählen

Um aus der Hypnose aufzutauchen, brauchen Sie nur den Raum zu verlassen und die Treppe hinaufzugehen, während Sie in Gedanken von null bis zehn zählen. Haben Sie bei zehn die oberste Stufe erreicht, öffnen Sie die Augen und sagen in Gedanken die Worte »Ich bin vollkommen wach«.

Üben Sie die progressive Muskelentspannung sowie das Rückwärts- und Hochzählen mehrere Male; fügen Sie dann nach dem Rückwärtszählen, sobald Sie es sich in dem Sessel bequem gemacht haben, Ihren Suggestionstext ein. Am leichtesten läßt sich dies bewerkstelligen, indem Sie das Ganze auf Kassette aufnehmen und es sich über Kopfhörer anhören – ein einfacher Walkman leistet hier gute Dienste.

Wenn Sie keinen Kassettenrecorder haben, lernen Sie einige Schlüsselsätze Ihres Suggestionstextes auswendig – am besten kombiniert mit einem positiven Bild von Ihnen selbst nach Erreichen Ihres Zieles – und sagen Sie diesen Text nach dem Zurückzählen auf.

WARNHINWEIS: Wenn Sie Ihre Suggestionen auf Kassette aufnehmen, dann hören Sie sich diese niemals während des Autofahrens oder der Bedienung von Maschinen an. Selbsthypnose kann extrem entspannend sein, und wenn Sie beim Hören der Kassette anderen Beschäftigungen nachgehen, könnte es dabei leicht zu Unfällen kommen.

Bei der Selbsthypnose müssen Sie nicht tief in Trance gehen, um erfolgreich zu sein. Es genügt, sich ein wenig zu entspannen und zu konzentrieren, um in dem gewünschten Bereich Verbesserungen zu erzielen, vorausgesetzt Sie arbeiten mindestens drei Wochen lang regelmäßig (mindestens einmal täglich) mit Ihren Suggestionen. Denken Sie daran, daß Ihr Unterbewußtsein es oftmals über viele Jahre hinweg gewohnt war, auf eine bestimmte Art zu reagieren; da verwundert es kaum, wenn es ein wenig hartnäckig ist und man immer wieder daran arbeiten muß, um es »umzuprogrammieren«.

Wenn Sie das Gefühl haben, Sie kämen allein nicht zurecht, dann bleibt Ihnen immer noch die Möglichkeit, einen Hypnotherapeuten aufzusuchen und bei ihm eine Suggestionstherapie zu machen.

Bühnenhypnose

Mit der Bühnenhypnose werden keine therapeutischen Ziele verfolgt. Trotzdem möchte ich hier darauf eingehen, da viele der Mythen und Mißverständnisse im Zusammenhang mit der Hypnose von solchen nicht immer seriösen Bühnen- und Fernsehshows geschürt werden. Das Publikum ist sich häufig darüber im Zweifel, ob das, was da vorgeführt wird, nur ein

Trick ist und die Versuchspersonen lediglich vorgeben, in Hypnose zu sein, oder ob der Hypnotiseur über übernatürliche Kräfte verfügt, mit deren Hilfe er die Menschen zu seinen willenlosen Instrumenten machen kann.

Kritische Stimmen meinen, man könne nichts in Hypnose tun, wozu man nicht auch ohne sie in der Lage wäre. Sie behaupten, jeder könne vorgeben, wie Elvis Presley zu singen oder so steif zu sein, daß man ihn auf zwei Stuhllehnen aufbahren könne. Dies mag für die Aufgaben, die Bühnenhypnotiseure ihren Versuchspersonen stellen, durchaus zutreffen, doch das umfaßt längst nicht das gesamte Spektrum der Hypnose. Wie ist es mit dem Zwiebelschneiden ohne tränende Augen? Unter Hypnose ist es möglich, im normalen Wachbewußtsein nicht. Wie kann es sein, daß ein kieferchirurgischer Eingriff bei einem Bluter nicht zu Blutverlust führt, wenn sich dieser in hypnotischer Trance befindet? Unter normalen Umständen ganz eindeutig ein Ding der Unmöglichkeit!

In den vorangegangenen Kapiteln haben Sie bereits erfahren, daß Hypnose nichts Geheimnisvolles ist und die meisten Menschen zumindest in leichte Trance gehen können. Doch das sind nicht die Menschen, die sich ein Bühnenhypnotiseur für seine Show aussucht; er ist auf solche Kandidaten angewiesen, die zu den zehn Prozent der extrem Suggestiblen gehören. Aus diesem Grund finden Hypnose-Shows in der Regel auch in Festhallen, auf großen Partys oder in Nightclubs statt, wo es viele Zuschauer gibt. Denn je mehr Menschen zur Wahl stehen, desto eher wird man solche darunter finden können, die leicht zu hypnotisieren sind.

Wenn der Hypnotiseur auf die Bühne kommt, erklärt er seinem Publikum meist zunächst einmal ganz allgemein, was unter Hypnose zu verstehen ist. Dabei verwendet er bereits versteckte Suggestionen, indem er Worte wie »entspannend« und »angenehm« auf ganz unauffällige Weise besonders hervorhebt und oft wiederholt. Dadurch geraten gut hypnoti-

sierbare Menschen bereits in einen leichten Entspannungszustand und lassen sich bequem in ihren Sitz sinken ...
Anschließend führt der Hypnotiseur mit dem gesamten Publikum bestimmte Experimente oder Tests durch. So läßt er
die Anwesenden die Hände mit ineinander verschränkten
Fingern vor sich halten und suggeriert dann, daß sie sich »so
anfühlen, als seien sie mit Klebstoff zusammengeklebt, und
ganz gleich, wie sehr man sich auch bemüht, man kann sie
einfach nicht mehr auseinanderbekommen.« Zu diesem Zeitpunkt denkt mindestens die Hälfte des Publikums: »Natürlich
kann ich es!« und löst die Hände ohne jedes Problem; ein
weiterer Teil der Anwesenden ist sich zunächst ein wenig un-
sicher, versucht aber dann doch, die Finger auseinander-
zubekommen, und es gelingt ihnen auch. Einige wenige aber
sitzen da und bekommen die Hände einfach nicht mehr
frei! Dann verkündet der Hypnotiseur, daß nun jeder spüren
kann, wie sich seine Hände lösen, und bei diesen Worten
merken auch diese mit einem Seufzer der Erleichterung, wie
sie ihre Finger endlich wieder voneinander trennen können.

Daraufhin folgen noch ein paar weitere solcher Tests, und
dann bittet der Hypnotiseur die Menschen, die dabei positiv
reagiert haben, auf die Bühne. Nun kann er diese hoch suggestiblen Versuchspersonen »einstimmen«, indem er sie in
Hypnose versetzt und ihnen eine posthypnotische Suggestion
gibt, etwa nach dem Muster: »Wenn ich mit den Fingern
schnippe, dann gehen Sie in tiefe hypnotische Trance.« Dann
ist es soweit, und er kann den Betreffenden weitere Suggestionen geben, so daß diese allerhand merkwürdige und
amüsante Verhaltensweisen an den Tag legen. Denken Sie
aber bitte daran, daß ihm dies mit den meisten anderen Menschen im Publikum nicht gelingen würde.

Im Fernsehen wird dieses einleitende Auswahlverfahren
meist überhaupt nicht gezeigt, und so entsteht beim Zuschauer der Eindruck, daß magische Kräfte am Werk seien.

Man sieht nur, wie der Hypnotiseur mit den Fingern schnippt und die Versuchsperson daraufhin macht, was man ihr sagt. Kein Wunder, daß so viele Menschen immer noch Angst davor haben, zu einem Hypnotherapeuten zu gehen!

Problematisch an der Bühnenhypnose ist, daß der Hypnotiseur nichts von den Menschen weiß, die er zu sich auf die Bühne holt. Er weiß nur, daß sie in hohem Maße suggestibel sind. Er weiß nicht, ob sie ernsthafte emotionale Probleme haben, die sich verschlimmern könnten, wenn man sie bitten würde, sich an ihre Kindheit zu erinnern. Und er weiß auch nicht, ob medizinische Probleme vorliegen, die es dem Betreffenden verbieten würden, bestimmte anstrengende Übungen oder Aufgaben durchzuführen, die er ihm stellt.

Es gibt nur wenige strafrechtliche Regelungen zum Thema der Bühnenhypnose. Die einschlägigen britischen Paragraphen stammen aus dem Jahr 1952 und sehen vor, daß Hypnose-Demonstrationen nur an öffentlichen Veranstaltungsorten stattfinden dürfen und das Hypnotisieren von Menschen unter einundzwanzig Jahren auf offener Bühne untersagt sei. Diese Vorschriften reichen bei weitem nicht aus, um die Öffentlichkeit vor unseriösen Hypnotiseuren zu schützen; letztendliche Sicherheit würde einzig und allein die Tatsache bieten, daß der Hypnotiseur gleichzeitig ein qualifizierter, praktizierender Hypnotherapeut ist, der seine Demonstration sorgfältig plant und mit unerwarteten Reaktionen der Versuchspersonen umzugehen weiß.

Vorsichtsmaßnahmen und Gegenindikationen

Es gibt einige Situationen, in denen auf Hypnose verzichtet werden sollte.

Wenn jemand an Epilepsie leidet, so ist eine Hypnose nicht angezeigt, da sie einen Anfall auslösen könnte.

Des weiteren kann die Hypnotherapie – anders als bei Neurosen – im Falle von Psychosen nicht helfen. Der Hauptunterschied zwischen einer Neurose und einer Psychose besteht darin, daß sich ein Patient mit einer neurotischen Störung seines Problems bewußt ist; er kann erkennen, daß seine Ängste entweder irrational oder übertrieben sind. Wer hingegen unter einer Psychose leidet, ist überzeugt, daß seine Ängste ganz normal sind und die anderen sich aus ihrer Gedankenlosigkeit heraus der Gefahren nicht bewußt sind, die er als vollkommen real erlebt.

In unserem Kontext bedeutet das, daß ein Hypnotherapeut einem Patienten mit Zwangs- oder Wahnvorstellungen beziehungsweise jeder Art von Schizophrenie nicht helfen kann.

Fragen und Antworten

Kann jeder hypnotisiert werden?
So gut wie jeder. Eine Ausnahme bilden Betrunkene und Menschen mit weit unterdurchschnittlichem IQ.

Wird in meinen freien Willen eingegriffen?
Nein. Wenn der Therapeut Ihnen eine Suggestion gibt, die gegen Ihre Moralvorstellungen verstößt, dann werden Sie diese einfach nicht ausführen.

Verändert die Hypnose meine Persönlichkeit?
Nein. Die Hypnotherapie hilft lediglich, sie voll und ganz zu entfalten. Sie werden sich also verändern, indem Sie Gewohnheiten oder emotionalen Ballast ablegen, die sie nicht mehr brauchen oder haben wollen, und auf diese Weise zu einem stärkeren, glücklicheren Menschen werden. Die Hypnose läßt nichts in Ihnen entstehen, was nicht schon da ist; sie hilft nur dabei, Ihre starken, positiven Eigenschaften ans Licht zu bringen, deren Existenz Sie womöglich nicht einmal geahnt haben.

Werde ich mich an das erinnern, was während der Sitzungen geschieht?

99 Prozent aller Menschen wissen später alles, was ihnen der Therapeut während der Sitzung gesagt hat. In einigen seltenen Fällen kann es vorkommen, daß sich ein Klient nicht erinnert, doch wenn ihn der Therapeut auf ein bis zwei Punkte hinweist, die angesprochen wurden, dann fällt ihm in der Regel der Rest der Sitzung wieder ein. Der Therapeut kann seinem Klienten eine posthypnotische Suggestion geben, nach der dieser das Gesagte vergessen soll, doch von dieser Möglichkeit wird im therapeutischen Kontext nur selten Gebrauch gemacht.

Muß der Therapeut mich berühren?

Manche Therapeuten legen ihrem Klienten eine Hand auf die Schulter oder den Arm, andere heben seine Hand an oder bewegen leicht seinen Kopf, um seinen Entspannungszustand zu prüfen. Es gibt auch Therapeuten, die einen Finger an die Stirn ihres Klienten legen, um die Hypnose einzuleiten. Abgesehen von dieser Art von Berührung gibt es keinen Grund, warum ein Therapeut Sie anfassen müßte. Die überwiegende Mehrzahl der Therapeuten arbeitet nach ethischen Grundsätzen, und es kommt nur selten zu Übergriffen. Sollten Sie dennoch gegen Ihren Willen physischen Kontakt erfahren, können Sie in massiveren Fällen gegen diesen Therapeuten juristische Schritte unternehmen.

3.
Wie kann eine Hypnotherapie helfen?

Viele Menschen glauben von sich aus oder aufgrund dessen, was man ihnen gesagt hat, daß sie mit ihrer Depression, ihren Ängsten oder Panikanfällen leben müßten. Doch glücklicherweise ist dies nicht der Fall. Bei einer großen Anzahl von Problemen und Symptomen kann die Hypnotherapie effizient und relativ schnell helfen, sofern sie bei einem qualifizierten, erfahrenen Therapeuten durchgeführt wird.

Es gibt kein Symptom ohne Ursache. Wenn wir Angst haben oder es uns an Selbstvertrauen mangelt, dann gibt es einen Grund dafür – selbst wenn wir diesen vielleicht gar nicht kennen. Jedes Symptom ist ein Warnsignal und sagt uns, daß etwas nicht in Ordnung ist. Physischer Schmerz zwingt uns, hinzuschauen und zu sehen, was mit dem Körper los ist; psychische Beschwerden sind ein Zeichen dafür, daß wir uns mit einer emotionalen Angelegenheit auseinandersetzen sollten. So wie sich physischer Schmerz mit Schmerzmitteln abschalten läßt, kann emotionaler Schmerz mit Tranquilizern unterdrückt werden. Tabletten zu nehmen kann jedoch niemals eine Dauerlösung sein. Antidepressiva, Tranquilizer oder Betablocker können einem Symptom die Spitze nehmen, doch sie beseitigen dessen Ursache nicht; sie übertünchen lediglich die Risse im Mauerwerk. Viele Probleme verschwinden von allein, und viele können durch die Anwendung von einfachen Selbsthilfetechniken ausgeräumt werden, wie sie der gesunde Menschenverstand nahelegt.

Bleibt ein psychisches Problem jedoch hartnäckig bestehen, dann sollte man sich professionelle Hilfe suchen.

Ist ein Problem auf Streß zurückzuführen, so kann die Suggestionstherapie helfen, den Streß abzubauen, und das Symptom auf diese Weise beseitigen. Um unerwünschte Gewohnheiten wie das Rauchen oder das Nägelkauen abzustellen, reichen Streßreduzierung und das »Einschleusen« von positiven Suggestionen ins Unterbewußtsein in der Regel aus. Bei komplexeren Problemen wie Angst und Depressionen ist eine detailliertere Vorgehensweise zu wählen, um die zugrunde liegende Ursache aufzudecken und zu bearbeiten.

Gewohnheiten

Haben Gewohnheiten erst einmal Fuß gefaßt, können sie sich als ausgesprochen hartnäckig erweisen. Zu den häufigsten Gewohnheiten, denen ein Hypnotherapeut in seiner Praxis begegnet, gehören:

◇ Rauchen
◇ Nägelkauen
◇ Haareraufen
◇ Hautzupfen
◇ Daumenlutschen
◇ Zähneknirschen

So wie wir lernen können, den Schalthebel beim Autofahren automatisch zu betätigen, ohne darüber nachzudenken, kann es uns zur Gewohnheit werden, uns die Haare zu raufen oder uns eine Zigarette anzuzünden, ohne daß wir uns darüber wirklich bewußt sind. Manchmal merken wir dann erst am Abend an der leeren Packung, wie viele Zigaretten wir im Lauf des Tages geraucht haben.

Andererseits kann es aber auch vorkommen, daß wir zwar

um unser gewohnheitsmäßiges Verhalten *wissen*, es aber dennoch nicht ablegen können. Es ist, als trügen wir zwei Teile in uns: Der eine kennt all die logischen Gründe, warum wir eine bestimmte Handlung unterlassen und der Gewohnheit nicht schon wieder nachgeben sollten, doch der andere setzt sich einfach darüber hinweg und tut es dennoch. Anschließend beginnen wir uns mit Selbstvorwürfen und Ärger über die eigene Willensschwäche zu überhäufen, was wiederum Streß verursacht und uns erneut zur Zigarette greifen, die Haare raufen oder an den Nägeln kauen läßt. Es ist ein Teufelskreis ...

Um einem Klienten beim Ablegen einer Gewohnheit zu helfen, muß der Therapeut zunächst einmal feststellen, welchen verdeckten emotionalen Gewinn dieser aus seinem Verhalten bezieht und ob er es wirklich aufgeben will. Obwohl manche Gewohnheiten ganz offensichtlich gesundheitsschädlich (Rauchen) oder entstellend sind (Haareraufen, Nägelkauen), erfüllen sie dennoch für den einzelnen einen bestimmten Sinn. Oft wird daraus ein bestimmtes Wohlgefühl abgeleitet, und manchmal sind sie ein Ventil dafür, eine Pause zu machen oder Hände und Mund zu beschäftigen.

Die Gründe, warum man eine Gewohnheit ablegen möchte, sind von Mensch zu Mensch verschieden, wenngleich sich die Aussagen der meisten Klienten in bestimmten Punkten decken:

✧ Scham über die Gewohnheit
✧ mangelnde gesellschaftliche Akzeptanz
✧ Eitelkeit (durch das Rauchen kommt es zu einer vorzeitigen Alterung der Haut; durch das Haareraufen wird das Haar dünn; durch das Hautzupfen wird die Haut unansehnlich)
✧ gesundheitliche Gründe (Rauchen ist krebserregend; beim Zähneknirschen leiden Zähne und Zahnfleisch)

Findet der Therapeut heraus, welche Vorteile sein Klient aus seiner Gewohnheit bezieht und was ihn zu deren Aufgabe motiviert, so kann er dieses Wissen in seine hypnotischen Suggestionen einarbeiten. Auf diese Weise kann er dem Problem angemessene Formulierungen anbieten, die somit größere Erfolgsaussichten haben.

Die Dauer dieser Art von Suggestionstherapie variiert von einer bis fünf Sitzungen. Wenn sich nach zwei Sitzungen keine Besserung einstellt, wird in der Regel empfohlen, daß der Klient gemeinsam mit seinem Therapeuten an den Gründen arbeitet, warum er seine Gewohnheit nicht loslassen kann. Dies kann in Form einer punktuellen Analyse geschehen, bei der der Therapeut seinen Klienten zu den Ursachen für seine innere Blockade hinführt. Eine solche punktuelle Analyse nimmt in der Regel ein bis zwei Sitzungen in Anspruch, in deren Verlauf nur die direkt an die Gewohnheit gekoppelten Gefühle und Erinnerungen bearbeitet werden. Anschließend wird es dem Klienten ermöglicht, das relevante Ereignis in seiner Vergangenheit in einem anderen Licht zu betrachten, so daß es seinen Fortschritt bei der Überwindung seiner Gewohnheit nicht länger zu behindern braucht.

Die folgenden zwei Fallstudien liefern Beispiele für eine rein suggestivtherapeutische Sitzung und eine weitere, bei der eine zusätzliche punktuelle Analyse erforderlich war. Wie bei allen in diesem Buch enthaltenen Fallstudien wurden die Namen der Klienten aus Gründen der Vertraulichkeit geändert.

Fallstudie: Rauchen (1)

Gerald (62) war direkt nach der Schule zur *Royal Airforce* gegangen und hatte später bei einer kommerziellen Fluglinie als Pilot gearbeitet. Er rauchte seit seinem sechzehnten Lebensjahr und war zu Beginn der Therapie bei achtzig Zigaretten pro Tag angelangt. Sein Arzt hatte ihm geraten, das Rauchen aufzugeben, doch weder seine Familie noch er selbst glaubten, daß ihm dies gelingen würde. Weil er selbst kaum Hoffnung hatte, seine Gewohnheit ablegen zu können, beschloß ich, nach einem Ereignis in seiner Vergangenheit zu suchen, bei dem er mit einem Problem konfrontiert war, das er erfolgreich gelöst hatte. Glücklicherweise fand ich ein solches Beispiel.

Als Gerald von der *Royal Airforce* zu der kommerziellen Fluggesellschaft überwechselte, mußte er praktisch bei Null anfangen. Wenngleich er in der *Airforce* einen hohen Rang innegehabt hatte, mußte er ganz unten beginnen und sich von Vorgesetzten etwas sagen lassen, die weit weniger Erfahrung hatten als er selbst. Er gab zu, daß dies für ihn zunächst alles andere als einfach gewesen sei, er sich schließlich aber doch wieder in eine verantwortungsvolle Position hatte hocharbeiten können. Auf meine Frage, wie es ihm gelungen sei, diese unangenehme erste Zeit durchzustehen, antwortete er: »Nun, ich habe mir gesagt: Augen zu und durch!«

Und ebendiesen Satz baute ich in meine hypnotische Suggestion ein; wie damals, so sagte ich ihm, könne es vielleicht auch jetzt manchmal schwer für ihn sein, auf das Rauchen zu verzichten; doch wann immer er dieses Gefühl habe, solle er sich sagen: »Augen zu und durch!« Diese Suggestion kombinierte ich mit weiteren Botschaften, die darauf hinausliefen, sich mehr Entspannung zu gönnen, die Freiheit des Nichtrauchens auszukosten und all die positiven Nebenwirkungen wie das Plus an Energie und den Stolz auf sich selbst zu genießen.

Gerald hörte nach dieser ersten Sitzung mit dem Rauchen auf; bei einem späteren Kontrolltermin stellte sich heraus, daß er auch drei Jahre danach nicht wieder damit angefangen hatte.

Fallstudie: Rauchen (2)

Jane rauchte etwa zwanzig Zigaretten am Tag, als sie zu mir in die Praxis kam. Sie gestand, daß sie noch nicht einmal gern rauchte, es aber dennoch nicht aufgeben konnte. Nach der ersten Suggestionstherapiesitzung senkte sie ihren Verbrauch auf eine Zigarette pro Tag, die sie in Anwesenheit ihres Mannes rauchte. Sie verstand nicht, warum sie in seiner Gegenwart zwanghaft zur Zigarette greifen mußte. Sie brauchte offensichtlich einen Zeugen für ihre Erfolglosigkeit.

In der zweiten Sitzung fragte ich Jane unter Hypnose, was für ein Gefühl das wohl sei, wenn es ihr gelänge, das Rauchen aufzugeben. Sie meinte, es sei zum Fürchten. Ich bat sie, bei dem Gefühl der Furcht zu bleiben und zu einer Zeit zurückzukehren, als sie es zum erstenmal verspürt hatte. Sie ging auf direktem Wege in ihre Schulzeit zurück, wo sie sehr erfolgreich gewesen war und ausgezeichnete Noten erzielt hatte. Während ihre Geschwister draußen spielten, saß sie meist drinnen und lernte. Sie hatte eine gute Freundin, mit der sie einen Großteil ihrer Zeit verbrachte, und diese besuchte dieselbe Schule wie sie.

Eines Tages war dieses Mädchen beauftragt worden, darauf zu achten, daß während der Pause niemand das Schulgebäude betrat; Jane aber hatte sich dennoch hineingeschlichen, um etwas zu holen, das sie vergessen hatte. Sie wurde von ihrer Freundin erwischt, bei der Lehrerin verpetzt und bestraft. Damit war die Freundschaft beendet. Jane war überzeugt, daß ihre Freundin aus Neid auf ihre schulischen Erfolge gehandelt hatte, und schlußfolgerte daraus, daß die anderen einen nicht leiden könnten, wenn man gut und erfolgreich sei; man würde seine Freunde verlieren, sobald man ihnen Anlaß zu Neid gäbe.

Diese Angst hatte Jane die ganze Zeit mit sich herumgeschleppt. Würde sie mit dem Rauchen aufhören, so würde sie ihre Freunde verlieren. Und so rauchte sie vor den Augen eines anderen, um zu zeigen, daß sie doch nicht so gut war ...
Ich bat Jane – immer noch unter Hypnose –, sich einmal in die Lage ihrer heutigen besten Freundin zu versetzen und

nachzuspüren, was wohl in ihr vorgehen würde, wenn sie ihr erzählte, daß sie mit dem Rauchen aufgehört habe. Jane meinte, es würde sie sehr freuen. Nach dieser zweiten Sitzung konnte Jane das Rauchen ganz lassen.

Depressionen und Angst

Diese beiden Beschwerdebilder werden hier unter einer Überschrift behandelt, weil sie zwar auch allein auftreten können, meistens aber vereint anzutreffen sind. Manchmal überwiegt die Depression, ein andermal wiederum tritt die Angst deutlich zutage.

Depressionen

Zu den Haupterkennungsmerkmalen einer Depression gehören:

◇ häufiges Weinen
◇ Schlafprobleme
◇ Humorlosigkeit
◇ Lustlosigkeit
◇ negative Lebenseinstellung
◇ Rückzug aus dem sozialen Leben
◇ Wunsch, allein zu sein
◇ Gefühle der Hilflosigkeit
◇ Unfähigkeit, selbst mit kleineren Belastungen fertig zu werden
◇ mangelnde sexuelle Lust
◇ Appetitlosigkeit
◇ permanente Müdigkeit
◇ mangelnde Konzentrationsfähigkeit

Depressionen können eine ganze Reihe von Ursachen haben. Die am leichtesten verständliche Variante entsteht infolge eines traumatischen Verlusts. Dies könnte der Tod eines Partners, eines Kindes oder auch eines geliebten Haustieres sein. Auch Arbeitslosigkeit oder große finanzielle Belastungen können in die Depression führen. In den meisten Fällen kommen die Betroffenen aus eigenen Kräften wieder heraus, sobald genügend Zeit nach dem auslösenden Ereignis verstrichen ist. Geschieht dies nicht, ist professionelle Hilfe gefragt.

Eine weitere mögliche Ursache für Depressionen ist unterdrückte Wut. Wer seine negativen Emotionen nie zum Ausdruck bringen durfte oder während seiner Kindheit Wut nur in Form von Gewalttätigkeit erfahren hat, ist vielleicht dahin gelangt, sie zu unterdrücken und zu ignorieren. Das Leben läuft aber längst nicht immer so glatt, wie wir es gerne hätten; irgendwann einmal geht immer etwas schief, oder jemand behandelt uns respektlos. Können wir die Wut nicht spüren und konstruktiv mit ihr umgehen, so fühlen wir uns hilflos und verletzlich. Der leichteste Weg, um weitere unangenehme Situationen zu vermeiden, ist dann, sich aus der Welt zurückzuziehen.

Unterdrückte Wut kann auch bei postnataler Depression eine gewisse Rolle spielen. Wenn eine Frau selbst eine unglückliche Kindheit hatte und nun mit einem eigenen Kind konfrontiert wird, das sie lieben und versorgen soll, kann es leicht sein, daß Gefühle der Wut in ihr aufsteigen, weil man ihr selbst damals die so dringend benötigte Liebe vorenthalten hat; sie wehrt sich innerlich dagegen, einem Kind etwas geben zu müssen, was sie selbst nie bekommen hat.

Ein weiteres Phänomen, das in die Depression führen kann, ist etwas, das man »erlernte Hilflosigkeit« nennt. Ist ein Mensch in einem überbehüteten Umfeld aufgewachsen, in dem man ihn von allen Problemen des Alltags fernhielt und er dementsprechend keine Bewältigungsstrategie entwickeln konnte, so wird sich dieser nach Verlassen dieses Umfelds häufig unzulänglich und verletzlich fühlen.

Fallstudie: Depression

Paul, ein junger Mann von vierundzwanzig Jahren, suchte mich wegen seiner Depressionen auf, die ihn seit sieben Jahren immer wieder heimgesucht hatten. Sie waren erstmals aufgetreten, als er erfuhr, daß sich seine Eltern trennen wollten.

Im Rahmen der analytischen Hypnotherapie durchlebte er während der Erinnerung an diesen Tag ein tiefes Gefühl der Verlassenheit, obgleich er damals bereits siebzehn Jahre alt gewesen war. Das schien darauf hinzuweisen, daß die Grundursache für die depressive Neigung bereits vor der Trennung seiner Eltern zu finden war. In dem Maße, wie er in seine frühe Kindheit eintauchte, wurde ihm bewußt, daß sein Vater viel von zu Hause fort gewesen war; seine Mutter war derart zurückhaltend, daß sie ihren drei Kindern keinerlei Wärme hatte zeigen können. Sie war mit ihrem eigenen Leben beschäftigt und außerstande, ihnen die Aufmerksamkeit und Zuneigung zu schenken, nach der sie sich so sehr sehnten. Um überhaupt Aufmerksamkeit zu bekommen, bemühte sich Paul, stets besonders brav und hilfsbereit zu sein, doch irgendwie konnte er es seiner Mutter nie wirklich recht machen. Als er schließlich ins Internat geschickt wurde, näßte er gelegentlich immer noch ins Bett.

Im Internat wurde ein strenges Regime geführt, und Paul wurde immer wieder drangsaliert – ein weiterer Grund, in die Isolation zu gehen. Obwohl er oft zu Hause anrief und seiner Mutter sagte, wie unglücklich er war, hörte sie ihm nie wirklich zu. Nach den Ferien schrie und heulte er jedesmal, weil er nicht ins Internat zurück wollte, doch keiner nahm ihn ernst. Er galt als schwieriges Kind, das angeblich aus jeder Mücke einen Elefanten machte. Doch keiner kam je auf den Gedanken, ihn zu fragen, warum er sich denn so vehement dagegen wehrte, zur Schule zurückzufahren.

Nach zwölf Sitzungen, in denen die Traumata der Vergangenheit aufgearbeitet und es zu einer Entladung all der aufgestauten Frustration und Wut gekommen war, fühlte sich Paul so gut wie schon seit Jahren nicht mehr. Seine Energie sei zurückgekehrt, so meinte er, und er blicke wieder mit Optimismus in die Zukunft.

Angst

Angst muß nicht unbedingt realitätsbezogen sein. Wer Angst hat, stellt sich vor, was alles in der Zukunft schiefgehen könnte, und grübelt zudem ständig darüber nach, was in der Vergangenheit alles schiefgegangen ist. Diese ständige Beschäftigung mit beunruhigenden Gedanken kann den Betreffenden in einen permanenten Angst- oder Erregungszustand versetzen.

Einige wesentliche Merkmale von Angst sind:

✧ ständige, vage Angstgefühle
✧ physische Anspannung
✧ Reizbarkeit
✧ Konzentrationsmangel
✧ Schlafprobleme
✧ permanentes Müdigkeitsgefühl
✧ unregelmäßiger Atemrhythmus
✧ unregelmäßiger Puls
✧ niedrige Streßtoleranz
✧ Ruhelosigkeit

Wie Sie sehen, decken sich manche dieser Symptome mit denen der Depression – ebenso wie manche Gründe, die den Hintergrund für eine Angst bilden. Die Unfähigkeit, negative Emotionen anzunehmen und auf konstruktive Weise zum Ausdruck zu bringen, spielt sicherlich eine wichtige Rolle. Wer seine Wut nicht zulassen kann, steht ohne Verteidigungsmechanismus da – fast so wie eine Schildkröte ohne Panzer. Kann ich meine Wut nicht annehmen, so kann jeder mit mir machen, was er will, denn ich schaffe es einfach nicht, mich auf die Hinterbeine zu stellen, um ihm Einhalt zu gebieten. Weiß ich hingegen meine Wut konstruktiv zu nutzen, so kann ich mich entspannen und nachts gut schlafen, denn ich weiß: Wenn irgend etwas zu tun ist, wenn morgen irgend etwas schiefgeht, dann bin ich bereit, mich den Problemen zu stellen und eine Lösung zu finden. So brauche ich mir nicht die ganze Zeit über mögliche Katastrophen den Kopf zu zerbrechen.

Angst hat auch eine persönlichkeitsbezogene Komponente. Manche Menschen neigen mehr zu Ängstlichkeit als andere und sind daher anfälliger für dieses Problem.

Fallstudie: Angst

Linda war permanent gereizt und ruhelos und machte sich ihren eigenen Angaben zufolge ständig derartige Sorgen, daß sie kaum noch schlafen konnte. Sie hatte zwei kleine Kinder, für die sie ganz allein sorgen mußte, seit ihr Mann sie zwei Jahre zuvor wegen einer anderen Frau verlassen hatte. Ihre ständige Angst und die vielen schlaflosen Nächte hatten stark an ihren Energiereserven gezehrt. Sie war am Ende ihrer Kräfte und hatte sich schließlich dazu entschlossen, sich Hilfe zu suchen.

Lindas frühe Kindheit erwies sich als relativ ereignislos; Probleme traten erst auf, nachdem sie etwa ein Jahr lang verheiratet war. Ihr Mann war ein ansonsten wortkarger Mensch, machte jedoch häufig sarkastische Bemerkungen über das, was er als Lindas Unzulänglichkeiten betrachtete. Nach vier Jahren Ehe hatte sie jedes Selbstvertrauen verloren und fing an zu glauben, was ihr Mann an ihr auszusetzen hatte. Sie ging immer zögerlicher an Entscheidungen heran und wurde zunehmend ängstlicher. Als ihr Mann sie schließlich verließ, war das der endgültige Schlag – sie mußte schon ziemlich nutzlos sein, wenn sie noch nicht einmal ihn halten konnte!

Unter Hypnose arbeitete Linda ihre Ehe auf und erkannte, daß eigentlich ihr Mann der Unfähige gewesen war. Ihr wurde klar, daß sie angesichts seines schwierigen Charakters in der Ehe ganz gut zurechtgekommen war. Mit dieser Erkenntnis kam ihr Selbstvertrauen zurück, und ihre Angst verschwand.

Phobien und Panikanfälle

Eine Phobie ist eine übermäßige, irrationale Angst, die durch ein bestimmtes Objekt, eine Tätigkeit oder Situation ausgelöst wird. Psychologen unterscheiden im allgemeinen zwischen drei Arten von Phobien: spezifische Phobien, soziale Phobien und Agoraphobie.

Spezifische Phobien richten sich auf bestimmte Objekte wie Vögel, Motten oder Gewitterdonnern, können aber auch durch bestimmte Situationen ausgelöst werden, so zum Beispiel bei der Höhenangst. Wer unter einer spezifischen Phobie leidet, hat Angst davor, verletzt oder getötet zu werden, wenn er dem betreffenden Objekt zu nahe kommt.

Bei sozialen Phobien hingegen dreht sich die Angst darum, sich in Gegenwart anderer Menschen zu blamieren. Wegen dieser Angst kann der Betreffende oft keine öffentlichen Toiletten benutzen oder in Restaurants, Cafés oder anderen allgemein zugänglichen Orten essen.

Die dritte Art von Phobie, die sogenannte Agoraphobie, charakterisiert sich durch die Angst, außer Haus zu gehen, allein zu sein (selbst innerhalb des Hauses) oder sich von zu Hause nennenswert zu entfernen. Im Grunde genommen hat der Betreffende Angst davor, einen Panikanfall zu erleiden, ohne daß jemand da ist, der ihm helfen könnte. Daher meidet er öffentliche Verkehrsmittel, Menschenmengen, Theater, Kinos und belebte Straßen. Manche Menschen entwickeln eine solche Angst vor der Welt »da draußen«, daß sie das Haus gar nicht mehr verlassen können.

Die wesentlichen Merkmale einer Phobie sind:

⬧ Die Angst hält über einen längeren Zeitraum hinweg an.
⬧ Die Angst ist unbegründet.
⬧ Das Wissen, daß die Angst unbegründet ist, hilft dem Betroffenen nicht dabei, sie abzulegen.
⬧ Der normale Tagesablauf wird aufgrund der Phobie unterbrochen.
⬧ Der Betroffene gerät in große Angst oder Panik, wenn er mit dem jeweiligen Objekt, der Tätigkeit oder Situation konfrontiert wird.
⬧ Solche Panikanfälle werden in der Regel von starken physischen Reaktionen begleitet: Der Phobiker fängt an zu zittern, bekommt Herzrasen, bleibt wie angewurzelt stehen oder hat das Gefühl, sterben zu müssen. Manche werden sogar ohnmächtig.

Ein Panikanfall ist eine Explosion von aufgestauter Angst; er wird gelegentlich mit einem Herzanfall verwechselt, weil er von den gleichen körperlichen Symptomen begleitet wird.

Wenn ein Klient in die Therapie kommt, der an einer Phobie leidet oder früher schon Panikanfälle hatte, wird der Therapeut eine Reihe von Fragen stellen, die nicht immer direkt mit der Angst zu tun haben. Um zu entscheiden, welche Vorgehensweise im Einzelfall zu wählen ist – Suggestionen, Desensibilisierung oder Analyse –, ist dem Therapeuten daran gelegen, herauszufinden, ob es im Leben des Klienten vor dem erstmaligen Auftreten der Phobie oder der Panikanfälle besondere Streßmomente gegeben hat. Streß, der über lange Zeit hinweg unterdrückt wurde, kann zu einem sehr viel späteren Zeitpunkt in Form einer Phobie oder eines Panikanfalls zutage treten, so daß die eigentliche Ursache für den Phobiker selbst kaum zu erkennen ist.

Womöglich läuft die Beziehung mit dem Partner nicht so,

wie sie es sollte, und der Betreffende hat Angst, sie könne auseinanderbrechen, beißt aber dennoch die Zähne zusammen und spricht weder mit dem Partner noch irgendeinem anderen über das, was ihn bedrückt. Selbst wenn er den emotionalen Streß, den die Beziehung in ihm auslöst, bewußt unterdrückt, baut sich im Unterbewußtsein zunehmender Druck auf, der sich entlädt, sobald das erträgliche Maß überschritten ist. Kommt es zu einer solchen Entladung etwa während einer Fahrt auf der Autobahn, so wird der Betreffende sein Panikgefühl mit dem Autofahren in Verbindung bringen und in der Zukunft verkehrsreiche Straßen meiden.

Auch wenn ein Mensch in seinem Leben eine Reihe unangenehmer Erfahrungen gemacht hat, die ihn zu übertriebener Ängstlichkeit geführt haben, kann sich dies mit der Zeit zu einer Phobie ausweiten. Ist er beispielsweise während seiner Schulzeit massiver Kritik von seiten der Lehrer oder den Repressalien von Mitschülern ausgesetzt gewesen, so können solche Erfahrungen, besonders wenn sie wiederholt erlebt wurden, später eine große Angst vor allem auslösen, bei dem der Betreffende im Zentrum der Aufmerksamkeit steht, wie beim Essen in der Öffentlichkeit oder bei einem Vortrag vor einem größeren Publikum.

Phobien und Ängste können auch von anderen Menschen übernommen werden. Hat man gesehen, wie die Mutter beim Anblick einer Spinne vollkommen die Kontrolle verlor, so »lernt« man eventuell selbst, sich vor Spinnen zu fürchten – weil sie, nach der Reaktion der Mutter zu urteilen, ganz offensichtlich etwas sind, vor dem man panische Angst haben muß.

Starke Ängste können auch durch vergangene Traumata verursacht werden, an die sich der eine Klient erinnert, der andere nicht. Besonders dann, wenn die Erinnerung nicht mehr bewußt verfügbar ist, wird der Therapeut den Weg der analytischen Hypnotherapie wählen, um die Ursache der Angst aufzudecken. Auf diese Weise kann das Trauma bearbeitet und können die emotionalen Bande gekappt werden, die den Klienten immer noch mit jenem Ereignis verbinden.

Fallstudie: Phobie

Constance hatte in den zurückliegenden Jahren eine große Angst vor Lifts und Zügen entwickelt. Jahrelang hatte sie erfolgreich jeden Kontakt damit vermeiden können, doch nach einem Arbeitsplatzwechsel war ihr dies nicht mehr möglich. Ihr neues Büro war im zehnten Stock eines großen Hochhauses untergebracht, und außerdem mußte sie jetzt häufige Geschäftsreisen mit dem Zug unternehmen.

Als ich Constances Vorgeschichte aufnahm, erfuhr ich, daß ihre Ängste erstmals aufgetreten waren, als sie und ihr Mann innerhalb von zwei Monaten beide ihren Arbeitsplatz verloren. Constance konnte schließlich eine neue Stelle finden, doch ihr Mann blieb arbeitslos. Sie hatte jetzt einen sehr anspruchsvollen Job, bekam aber zu Hause nur sehr wenig Unterstützung von ihrem Mann und mußte sich nach ihrem langen Arbeitstag auch noch um die Kinder und den Haushalt kümmern.

Constances Hauptsorge in Verbindung mit ihren Phobien bestand darin, daß andere Menschen sie anstarren würden, wenn sie im Zug oder einem Lift in Panik geriet. Als wir die Hintergründe dieser Angst unter Hypnose erkundeten, erinnerte sich Constance daran, wie man sie als Achtjährige in der Schule beschuldigt hatte, einem anderen Mädchen das Schreibmäppchen gestohlen zu haben. Als der Lehrer ihr diesen Vorwurf machte, sahen alle Kinder sie an. Sie war am Boden zerstört und innerlich völlig aufgewühlt. Als das Schreibmäppchen nach ein paar Tagen von allein wieder auftauchte, dachte niemand daran, sich bei Constance für die ungerechtfertigten Verdächtigungen zu entschuldigen.

Nachdem dieses Erlebnis ans Licht gekommen und einige weitere Erinnerungen bearbeitet worden waren, machte Constance gute Fortschritte und konnte ihre Phobien schon bald überwinden. Gleichzeitig gewann sie durch die Therapie an Selbstvertrauen und schaffte es auch, ihren Mann zu mehr Mithilfe im Haushalt zu bewegen.

Gewichtsreduzierung und Eßstörungen

Wie man so schön sagt, bleibt das Essen zwei Sekunden in unserem Mund, zwei Stunden in unserem Magen und zwei Jahre an unseren Hüften. Im Laufe von Wochen und Monaten sammeln wir unversehens und ohne es recht zu merken überschüssige Pfunde an, und wenngleich ein oder zwei Kilo noch nicht problematisch sind, so können es mit der Zeit doch immer mehr werden. Viele Menschen haben keinerlei Probleme damit, ihr Gewicht vernünftig zu kontrollieren und dennoch mit Genuß zu essen. Und obwohl viele Frauen mit ihrem Gewicht unzufrieden sind, haben die meisten trotzdem ein relativ realistisches Körperbild.

Eine ernsthafte Unausgewogenheit in den Eßgewohnheiten hingegen ist oft ein Zeichen dafür, daß auch auf der emotionalen Seite etwas nicht stimmt.

Bei einer Eßstörung treten im wesentlichen eines oder mehrere der folgenden Merkmale auf:

✧ Leben um des Essens willen, statt Essen um des Lebens willen
✧ zwanghaftes Kalorienzählen
✧ permanente Diäten
✧ sich dick fühlen, ganz gleich wie dünn man auch ist (Anorexie)
✧ Schuldgefühle wegen des Essens (Anorexie, Bulimie)
✧ unmäßiges Essen mit anschließender Einnahme von Ab-

führmitteln oder künstlich eingeleitetem Erbrechen (Bulimie)

✧ regelmäßiges Zusichnehmen von Nahrungsmitteln als Quelle des Trostes

✧ regelmäßiges Zusichnehmen von Nahrungsmitteln zum Abbau von Angst oder Wut

✧ heimliches Essen, damit die anderen nicht sehen, wieviel man zu sich nimmt

✧ Verstecken von Nahrungsmitteln (Bulimie)

✧ übertriebene körperliche Ertüchtigung (Anorexie, Bulimie)

Der Wunsch abzunehmen ist eines der häufigsten Anliegen, mit denen Klienten zu einem Hypnotherapeuten kommen. Dennoch sind nicht alle Gewichtsprobleme gleich. In den eindeutig gelagerten Fällen sind die Betreffenden auf schlechte Eßgewohnheiten verfallen, die sie oftmals nur schwer durchbrechen können. Die auf diese Weise entstandenen Formen von Übergewicht lassen sich häufig mit Hilfe der Suggestionstherapie und einer Begleitkassette, mit welcher der Klient zu Hause arbeiten kann, problemlos lösen.

Übermäßiges Essen kann jedoch weit mehr als eine schlechte Angewohnheit sein und bedarf dann einer sehr viel komplexeren Behandlung als beispielsweise das Rauchen. Ohne Rauchen kann man leben, ohne Essen aber nicht. Essen ist eine Frage der physischen und emotionalen Ausgeglichenheit; herrscht in einem Menschen nicht ein gewisses Mindestmaß an innerer Harmonie, so kann das Eßverhalten leicht aus dem Gleichgewicht geraten. Streß beeinträchtigt die Menschen auf unterschiedliche Weise – manche bringen nichts hinunter, wenn sie aufgebracht sind, andere hingegen stopfen sich in solchen Situationen regelrecht voll. Wird der emotionale Streß zu groß, kann sich daraus eine ernstliche Eßstörung von zwanghaftem Charakter entwickeln.

Eine echte Eßstörung ist für einen Außenstehenden nicht immer leicht zu erkennen, da viele Menschen, die ein zwanghaftes Eßverhalten an den Tag legen, ihr Problem in das Mäntelchen der Verschwiegenheit hüllen. Dies gilt vor allem auch für Bulimiker. Vor der Bulimie durchlaufen die Betroffenen in der Regel eine anorektische Phase. Haben sie das Stadium der Bulimie erst einmal erreicht, scheinen sie mehr oder weniger normal zu essen, doch in Wirklichkeit begehen sie heimliche Freßorgien mit anschließendem künstlich herbeigeführtem Erbrechen. Nach der anfänglichen Erleichterung darüber, das gierig hinuntergeschlungene Essen wieder losgeworden zu sein, quälen sie sich dann mit Schuld- und Schamgefühlen.

Anders im Falle der Anorexie. Hier gefallen sich die Betroffenen darin, nicht zu essen und sich zwanghaft körperlich zu verausgaben; allein schon daran, daß sie so extrem dünn sind, ist für den Außenstehenden leicht zu erkennen, daß etwas nicht stimmt. Anorektiker haben permanent das Gefühl, zu dick zu sein, und so hören sie nicht auf zu hungern; aus diesem Grund kommen sie nur sehr selten zur Therapie, während Bulimiker sowie Menschen mit zwanghaften oder unmäßigen Eßgewohnheiten dazu eher bereit sind.

Während die Suggestionstherapie bei Klienten mit problematischem, aber nicht zwanghaftem Eßverhalten ausreichend ist, führt bei ernstlichen Eßstörungen kein Weg an der analytischen Methode vorbei.

In 99 Prozent der Fälle ist Übergewicht emotional oder gewohnheitsmäßig und nur in einem Prozent physisch bedingt. Eßstörungen haben immer einen emotionalen Hintergrund.

Hier einige mögliche Gründe, die zu übermäßigem Essen oder Eßstörungen führen können:

◇ Herkunft aus einer Familie, in der mehrere ein übermäßiges Eßverhalten an den Tag legen
◇ Streß durch Überarbeitung

- ✧ Streß durch emotionale Überforderung
- ✧ Leben in einer unbefriedigenden oder abusiven Partner-schaft
- ✧ Wunsch, sich selbst für seine Bedürftigkeit zu bestrafen (Bulimie)
- ✧ Wunsch nach Autonomie (Anorexie, Bulimie)
- ✧ Machtkämpfe in der Familie (Anorexie)
- ✧ eine offen oder verdeckt dominante Mutter
- ✧ Mode- und Werbetrends, in denen nur dünn als schön prä-sentiert wird
- ✧ Angst vor Sexualität
- ✧ Angst vor dem Erwachsenwerden
- ✧ Depressionen
- ✧ Gefühl der Hilflosigkeit und Verletzlichkeit
- ✧ sexueller Mißbrauch

Zuviel oder zuwenig zu essen hat eine symbolische Bedeu-tung; es ist Aufgabe des Hypnotherapeuten, herauszufinden, welche Funktion das unmäßige Essen oder Hungern im Leben des Klienten einnimmt. Jedes Symptom, wie bizarr auch immer es erscheinen mag, erfüllt einen bestimmten Zweck – es soll trösten, beschützen oder auf andere Weise ein gutes Gefühl vermitteln. Der Klient muß in die Lage versetzt werden, sich Schutz und Trost auf eine andere, positivere Weise zu verschaffen, und in diesem Zusammenhang müssen vergangene Traumata bewältigt und Vertrauen aufgebaut wer-den, damit die »Krücke« des gestörten Eßverhaltens nicht mehr gebraucht wird.

Fallstudie: Bulimie

Janet war eine erfolgreiche Führungskraft in einer sehr ver-antwortungsvollen Position. Sie arbeitete viel, sogar am Wo-chenende, und mußte in der Woche an mehreren Arbeitses-sen teilnehmen. Und eben dieses häufige Essengehen war das

Problem, das Janet zur Bulimikerin hatte werden lassen. Sie mußte mitessen, weil die anderen es schließlich auch taten, doch gleichzeitig hatte sie das Gefühl, daß sie es eigentlich nicht tun sollte. So wartete sie jedesmal auf eine passende Gelegenheit, um kurz zu verschwinden und sich zum Erbrechen zu bringen.

Als Teenager hatte Janet an Anorexie gelitten und sich ausschließlich von Obst ernährt, bis sie schließlich auf achtunddreißig Kilogramm abgemagert war.

Wie viele Bulimiker hatte Janet ein ausgeprägtes Kontrollbedürfnis und war unfähig, sich zu entspannen. Aus einer Haltung der inneren Getriebenheit, Kompromißlosigkeit und Selbstverleugnung heraus erbrachte sie Hochleistungen. Alles und jeder war wichtiger als ihre eigenen Gefühle und wurde daher mit einer höheren Priorität behandelt, und sie arbeitete so viel, daß ihr keine Zeit mehr blieb, um einmal über sich selbst nachzudenken.

Wie wir in der analytischen Hypnotherapie herausfanden, hatte sich Janet als Kind sehr isoliert gefühlt. Ihr Vater, dem sie sich sehr verbunden fühlte, hatte immer viel gearbeitet, und ihre Mutter war eine schwierige Frau mit unberechenbaren Stimmungen gewesen, die ihren Mann stets des Ehebruchs verdächtigte. Die beiden Brüder von Janet lenkten sich von den Schwierigkeiten zu Hause ab, indem sie mit den anderen Jungen in der Nachbarschaft spielten, doch es gab keine Mädchen in der Gegend, und so blieb Janet nichts anderes übrig, als zu Hause bei ihrer Mutter zu bleiben; diese aber war so sehr mit ihren eigenen Problemen beschäftigt, daß sie ihrer Tochter nur wenig Beachtung schenkte. Janet zog sich in sich selbst zurück und las Tag und Nacht, um ihre Einsamkeit zu überwinden.

Die Eltern erwarteten von ihr, daß sie sich um ihre Brüder kümmerte, während sie zu Versöhnungswochenenden verreisten, um ihre Ehe zu retten. So hatte sie als Dreizehnjährige die Verantwortung für die beiden Jungen zu übernehmen. Janet empfand dies als große Last, meinte aber, ihrer Mutter nicht erzählen zu dürfen, wenn ihre Brüder unartig waren, um diese nicht zu verpetzen.

Schließlich kamen Gerüchte auf, daß Janets Vater ein Mädchen aus der Schule belästigt haben sollte. Infolgedessen wurde Janet nun auch in der Schule zur Außenseiterin, denn die Mitschüler ließen sie wegen der vermeintlichen Vergehen ihres Vaters links liegen. Kurz nach diesem Zwischenfall hörte Janet auf zu essen und wurde anorektisch.

In der Therapie bearbeiteten wir Janets Gefühle ihren Eltern gegenüber ebenso wie ihr übermächtiges Gefühl der Einsamkeit und Isoliertheit. Bereits nach drei Sitzungen verspürte sie nicht mehr so oft das Verlangen, sich zum Erbrechen zu bringen; nach fünfzehn Sitzungen schließlich konnte sie ganz normal essen.

Selbstvertrauen und Selbstwertgefühl

Es gibt einen grundlegenden Unterschied zwischen mangelndem Selbstvertrauen und mangelndem Selbstwertgefühl – wer unter mangelndem Selbstvertrauen leidet, glaubt, eines oder mehrere Dinge im Leben nicht tun zu können; wem es hingegen an Selbstwertgefühl mangelt, der meint, eines oder mehrere Dinge im Leben *nicht zu verdienen*. Mangelndes Selbstwertgefühl beinhaltet damit automatisch auch einen Mangel an Selbstvertrauen; ein Mensch mit mangelndem Selbstvertrauen hingegen kann durchaus ein gesundes Selbstwertgefühl haben.

Die wesentlichen Merkmale von mangelndem Selbstvertrauen sind:

◇ in bestimmten Situationen passiv zu bleiben, in denen sich das Leben durch aktives Eingreifen verbessern ließe

- ✧ nicht die eigene Meinung zu sagen, wo es angemessen wäre
- ✧ nicht zu seiner Meinung zu stehen
- ✧ immer die anderen voranzustellen
- ✧ nicht zu Entscheidungen fähig zu sein
- ✧ widerwillig zu tun, was einem aufgetragen wird
- ✧ zu schreien oder wütend zu werden, wenn man etwas will

Die wesentlichen Merkmale von mangelndem Selbstwertgefühl sind:

- ✧ alle obengenannten Punkte und
- ✧ das Gefühl, selbst schuld zu sein, wenn etwas Schlimmes passiert
- ✧ das Gefühl, wenn etwas Schlimmes passiert, so sei das die Strafe dafür, ein so wertloser Mensch zu sein
- ✧ sich selbst in Gedanken niederzumachen
- ✧ sich vor anderen selbst niederzumachen
- ✧ selbstzerstörerisches Verhalten (Rauchen, Trinken, Drogenmißbrauch)
- ✧ bei einem abusiven Partner zu bleiben, weil man das Gefühl hat, ihn und keinen anderen verdient zu haben
- ✧ Menschen abzulehnen, die nett zu einem sind, weil man annimmt, ihre Freundlichkeit sei entweder geheuchelt oder sie seien zu dumm, um die Wertlosigkeit ihres Gegenübers zu erkennen
- ✧ in extremen Fällen: Selbstverstümmelung oder Selbstmord

Mangelndes Selbstvertrauen ist etwas, womit die meisten von uns zu dem einen oder anderen Zeitpunkt ihres Lebens bereits einmal in gewissem Maß konfrontiert wurden – vor allem während der Pubertät, wo es gleichzeitig zu lernen gilt, mit den physischen Veränderungen im eigenen Körper zurechtzukommen und sich in der Welt der Erwachsenen zu behaupten. Doch selbst später, wenn wir in vielen Bereichen des Lebens sicher und erfahren sind, fehlt es uns in manchen Situationen womöglich immer noch an Selbstvertrauen. Vielleicht können wir nicht in der Öffentlichkeit sprechen; oder wir lassen uns von Autoritätspersonen einschüchtern; oder es fällt uns schwer, eine Beschwerde vorzubringen, wenn wir mit etwas nicht einverstanden sind.

Beschränkt sich das mangelnde Selbstvertrauen einzig und allein auf solche Situationen, wird der Hypnotherapeut seinem Klienten aller Wahrscheinlichkeit nach Suggestionen geben und ihm möglicherweise auch eine Begleitkassette für zu Hause mitgeben. Nur wenn ein ganzes Bündel von Problemen im Zusammenhang mit mangelndem Selbstvertrauen auftritt, wird er die tieferen Gründe auf analytischem Wege erkunden wollen.

Grund für das mangelnde Selbstvertrauen können einer oder mehrere der folgenden Punkte sein:

◇ während der Kindheit mangelnde Beachtung und Ermutigung von seiten der Eltern
◇ eine oder mehrere negative Erfahrungen bei dem Versuch, sich selbst zu behaupten
◇ Eltern, die ihrerseits kein Selbstvertrauen hatten
◇ ein Umfeld, in dem abweichende Meinungen nicht geduldet oder sogar verhöhnt werden
◇ Schuldgefühle über etwas, das in der Vergangenheit passiert ist
◇ Kritik oder Ablehnung während der Kindheit/Jugend und/oder von seiten des derzeitigen Lebenspartners
◇ Eltern, die sich ständig stritten
◇ wenn sich ein Elternteil nach einer Scheidung nicht mehr meldet, nachdem er oder sie ausgezogen ist.

Im Falle von mangelndem Selbstwertgefühl wird der Hypnotherapeut in der Regel sofort analytisch arbeiten, damit er herausfinden kann, was im Leben des Klienten geschehen ist, um ihm ein solch negatives Selbstbild zu vermitteln. Es ist zwar richtig, daß unser Persönlichkeitstyp eine Rolle dabei spielt, wie wir mit den Situationen des realen Lebens umgehen, dennoch ist immer auch eine äußere Komponente mit im Spiel, die unsere Selbsteinschätzung beeinflußt. Ein Mensch mag von Geburt aus schüchtern gewesen sein, doch das allein ist kein Grund, warum er sich später als Erwachsener nicht lieben kann. Es hängt vielmehr von den Reaktionen anderer auf ihn ab, ob er ein gesundes Selbstwertgefühl entwickeln kann oder nicht.

Hier einige Gründe, die einem mangelnden Selbstwertgefühl zugrunde liegen können (aber nicht müssen):

✧ häufige Demütigungen
✧ verbaler, physischer oder sexueller Mißbrauch
✧ fortgesetzte emotionale Vernachlässigung während der Kindheit
✧ ein Zuhause, in dem keine enge Zweierbeziehung zu einer erwachsenen Bezugsperson aufgebaut werden konnte
✧ hilflos mit ansehen zu müssen, wie jemand anderes in der Familie verbalem, physischem oder sexuellem Mißbrauch ausgesetzt war
✧ Eltern, die physische Auseinandersetzungen führten
✧ nie Hilfe von außen erhalten zu haben, ganz gleich wie sehr man unter einer Situation auch litt.

Die Entwicklung des Selbstwertgefühls beginnt sehr früh im Leben, und solange es noch nicht fest etabliert ist, reagiert es ausgesprochen empfindlich auf äußere Ereignisse. Kinder beziehen alles, was um sie herum geschieht, auf sich selbst. Sie sind von ihren Eltern nicht nur abhängig, um zu essen und ein Dach über dem Kopf zu haben – sie sind auch auf deren Liebe und Anerkennung angewiesen. Und so erleben sie alles, was ihre emotionale Sicherheit in Gefahr bringt, als ausgesprochen bedrohlich. Wenn ein Kind erkennt, daß es viele Dinge nicht tun kann und falsch macht, dann nimmt es automatisch an, an allem, was in seinem Umfeld schiefgeht, schuld zu sein: Vielleicht würden sich meine Eltern nicht andauernd streiten, wenn ich nicht da wäre? Womöglich hätte mein Vater bessere Laune, wenn ich hübscher/schneller/klüger wäre? Ein außenstehender Erwachsener kann erkennen, daß sich die Eltern streiten, weil sie nicht zueinander passen, oder daß der Vater an anderen herumnörgelt, weil er selbst einen Minderwertigkeitskomplex hat. Ein Kind aber kann nur sich selbst die Schuld geben.

Fallstudie: Mangelndes Selbstwertgefühl

Peter war fünfundzwanzig, als er in die Therapie kam. Er war mehrmals wegen verschiedener Einbruchsdelikte im Gefängnis gewesen. Neben einem Gefühl des tiefen Selbsthasses litt er unter Angst und Depressionen.

Als wir uns mit den Hintergründen seines mangelnden Selbstwertgefühls befaßten, stießen wir auf eine lange Reihe von unglücklichen Erinnerungen. Peter war auf dem Land aufgewachsen. Er wurde von seiner Mutter und Großmutter großgezogen – sein Vater tauchte nur gelegentlich auf und meistens dann, wenn er betrunken war. Mutter und Großmutter waren untereinander zerstritten und ließen ihren Frust an Peter aus, indem sie ihn verbal angriffen. Außerdem wurde er regelmäßig von seinem größeren Bruder, und häufig auch von seinem Vater, verprügelt. Peter war der Jüngste in der Familie und hatte den Eindruck, daß alle Unzufriedenheit dieser Welt tagtäglich auf ihn hereinbrach. Es war, als sei er der »Punchingball« seiner Familie, auf den jeder einschlagen konnte, wenn er wütend oder unzufrieden war. Er konnte sich keine einzige glückliche Kindheitserinnerung ins Gedächtnis rufen.

Peter fing an, gelegentlich kleinere Geldbeträge von seiner Mutter und Großmutter zu stehlen, bis er eines Tages erwischt wurde. Er wurde daraufhin von der Großmutter, dem Bruder und dem Vater geschlagen, und die Großmutter verkündete in aller Öffentlichkeit, ihr Enkel sei ein Dieb und würde immer ein Dieb bleiben. Peter war am Boden zerstört und von seinen Schuldgefühlen völlig überwältigt. Der letzte Rest an Selbstbewußtsein, der die Schläge überlebt hatte, ging bei dieser öffentlichen Brandmarkung verloren. Peter hatte nichts mehr zu verlieren, und so folgte er dem Weg, der ihm vorgezeichnet worden war – er wurde ein richtiger Dieb und fing an, in Häuser einzubrechen.

Die Hypnoanalyse gestaltete sich als eine schwierige Suche nach dem Guten in ihm. Dabei war es notwendig, einmal die Eltern, die Großmutter und den Bruder näher unter die Lupe zu nehmen. Es vergingen mehrere Sitzungen, bis Peter auch nur die Möglichkeit in Betracht zog, daß etwas mit den anderen nicht gestimmt haben könnte, weil sie ihn so schlecht behandelt hatten – so sehr war er daran gewöhnt, sich selbst für alles die Schuld zu geben, was ihm widerfuhr. Schließlich aber konnten wir einen Durchbruch erzielen. Peters Selbstwertgefühl verbesserte sich zusehends, und er faßte den Entschluß, sich für einen Ausbildungsgang am College einzuschreiben, den er drei Jahre später erfolgreich abschloß.

Sexuelle Probleme

Ein genußvolles, erfülltes Sexualleben ist etwas Natürliches, das sich nur aus dem spontanen Zulassen heraus entfalten kann. Der normale sexuelle Responszyklus umfaßt die langsam ansteigende Erregung, gefolgt von einer Phase, in der diese eine Zeitlang auf hohem Niveau stabil bleibt und sich dann in einem Orgasmus entlädt. Der Orgasmus ist ein angenehmes Gefühl, das bei der Frau ein unwillkürliches Zusammenziehen der Muskeln im Bereich der Vagina und beim Mann des Penis mit anschließender Ejakulation der Samenflüssigkeit auslöst. Auf den Orgasmus folgt eine Phase, in der sowohl beim Mann als auch bei der Frau die Ansprechbarkeit für sexuelle Stimulation für eine gewisse Zeit verlorengeht.

Wird dieser natürliche Zyklus unterbrochen oder findet er gar nicht statt, kann eines der folgenden Symptome auf ein mögliches Problem hinweisen:

✧ wenig oder keine Lust auf Sex
✧ völlige Ablehnung von Sex als etwas Ekelerregendem
✧ Unfähigkeit, einen Orgasmus zu erlangen
✧ Unfähigkeit, eine Erektion lange genug halten zu können, um zur Penetration zu gelangen
✧ Ejakulation vor oder kurz nach der Penetration
✧ starke Muskelanspannung in der Vagina, so daß die Penetration ausgesprochen schmerzhaft oder gänzlich unmöglich wird

Sexuelle Störungen können die verschiedensten Ursachen haben, und nicht alle sind psychischer Natur. Sind die Penisarterien beim Mann blockiert, so be- oder verhindert das eine Erektion. Auf ähnliche Weise kann ein niedriger Hormonspiegel sowohl beim Mann als auch bei der Frau das sexuelle Verlangen dämpfen, gleiches gilt für die Einnahme von blutdrucksenkenden Mitteln oder anderen Medikamenten.

In der Mehrzahl der Fälle aber ist eine starke psychische Komponente mit im Spiel. Da der sexuelle Responszyklus nach entsprechender Stimulation auf natürliche Weise abläuft, ist er in hohem Maße für Unterbrechungen durch Streß oder Sorgen anfällig. Um den Zyklus zu vollenden, muß man sich ganz in den sexuellen Akt vertiefen; schweifen die Gedanken ab, wird der Prozeß unterbrochen. Folglich können sexuelle Probleme im Zusammenhang mit schwierigen Lebenssituationen auftauchen, also wenn sich die Umstände plötzlich ändern, man einen neuen Job antritt oder ein Baby erwartet wird, man plötzlich arbeitslos geworden ist oder große finanzielle Schwierigkeiten hat.

Auch Schwierigkeiten in der Beziehung können Anlaß für sexuelle Probleme sein. Obwohl es Paare gibt, die in dieser Hinsicht von hitzigen Auseinandersetzungen profitieren, weil sie sich anschließend im Bett wieder versöhnen, macht Streit bei anderen jegliche Lust auf Sexualität zunichte.

All diese Gründe für sexuelle Störungen sind auf äußere Ursachen zurückzuführen. Das heißt, daß sich die Schwierigkeiten wahrscheinlich von allein lösen werden, wenn die Betreffenden erst einmal gelernt haben, besser mit ihrem Streß umzugehen und sich zu entspannen, oder ihre Partnerschaftsprobleme gelöst haben. Solche Fälle lassen sich mit Beratung oder Entspannungsübungen meistens relativ leicht aus dem Weg schaffen.

Komplexer wird es, wenn für die sexuellen Störungen tiefer liegende Ursachen vorliegen. Dies ist zumeist dann der Fall, wenn der Betreffende nach strikten Prinzipien erzogen wurde und in einem streng moralisierenden Umfeld aufgewachsen ist. Streng religiöse Familien oder Schulen vermitteln häufig direkt oder indirekt den Eindruck, Sex sei etwas Schlechtes oder Schmutziges. Masturbation – für Kinder ein notwendiger Vorgang zur Entwicklung von sexueller Reife – wird manchmal immer noch als negativ betrachtet; und wenn Heranwachsenden Schuldgefühle wegen ihres wachsenden Interesses für den eigenen Körper und die Sexualität im allgemeinen eingeredet werden, kann dies im späteren Leben zu Schwierigkeiten führen. Im Extremfall ist Sex so sehr an Schuldgefühle gekoppelt, daß er nur dann als befriedigend erlebt wird, wenn er die Form von Bestrafung annimmt (Masochismus).

Auch wenn ein Kind seine Eltern beim Liebesakt beobach-

tet hat, kann es dadurch später in seinem normalen Sexual-
verhalten gehemmt werden. Ein Kind, das noch zu klein ist,
um zu verstehen, was eigentlich geschieht, erlebt das Gese-
hene als etwas Furchterregendes: die Geräusche, Bewegungen und Positionen können den Eindruck erwecken, als ob
ein Elternteil dem anderen etwas Schreckliches antäte. Das
Ganze wirkt so unkontrolliert und furchterregend, daß ein
sensibles Kind es als traumatisch erleben kann.

Das schwerwiegendste Trauma, das ein Kind jedoch erleben kann, ist das der sexuellen Belästigung oder des Mißbrauchs. Wie bereits im Abschnitt über Selbstvertrauen und
Selbstwertgefühl *(Seite 77)* ausgeführt wurde, geben sich Kinder stets selbst die Schuld für das, was ihnen passiert. Doch
sexueller Mißbrauch läßt ein Kind nicht nur mit einem Gefühl der Scham und Schuld zurück, sondern auch mit einer
verzerrten Sichtweise auf die eigene Sexualität.

Wann immer das sexuelle Problem schwerwiegendere Ursachen hat, müssen diese Gefühl aufgearbeitet werden, damit
sich eine Besserung einstellen kann.

Fallstudie: Vorzeitiger Samenerguß

Michael war Mitte Dreißig, als er zur Therapie kam. Er war
von seiner Frau geschieden, hatte drei Jahre allein gelebt und
vor kurzem eine neue Beziehung angefangen. Er war sehr
glücklich mit seiner neuen Freundin, die er als »toll« be-
zeichnete, doch leider hatte er den Eindruck, im Bett zu ver-
sagen. Er war übermäßig erregt und kam viel zu schnell zur
Ejakulation. Glücklicherweise war seine Freundin ausgesprochen verständnisvoll, doch er hatte Angst, sie könnte den Re-
spekt vor ihm verlieren, wenn sich nicht bald etwas änderte.
Je mehr er sich jedoch anstrengte, die Ejakulation zurückzu-
halten, desto weniger gelang ihm dies. Als er zu mir in die
Praxis kam, hatte er seit acht Wochen mit diesem Problem zu
tun gehabt.

Ich erklärte ihm, daß es sich hier ganz eindeutig um eine vorübergehende Störung handelt, die in dem Augenblick verschwinden würde, in dem er aufhört, dagegen anzukämpfen. Nachdem er weder mit seiner Frau noch mit anderen Partnerinnen je Schwierigkeiten auf diesem Gebiet gehabt hatte, mußte er nur das Vertrauen in seine eigenen Fähigkeiten zurückgewinnen.

In der ersten Sitzung brachte ich Michael bei, wie er sich unter Anwendung von Selbsthypnose entspannen konnte, und er kam gut mit dieser Technik zurecht. Ich gab ihm eine Autosuggestionskassette zur Entspannung mit nach Hause, die er sich täglich anhören sollte. Bei unserem nächsten Termin berichtete er, daß es schon gewisse Verbesserungen gegeben habe.

Bei der zweiten Sitzung ermutigte ich Michael unter Hypnose, sich an den aufregendsten und befriedigendsten Sex zu erinnern, den er je gehabt hatte. Er sollte mir nichts davon erzählen, sondern einfach nur in die Erinnerung eintauchen. Schon bald erschien ein breites Lächeln auf seinem Gesicht, und er seufzte vor Erleichterung. Als er aus der Hypnose kam, wurde er ein wenig rot und verließ eilends die Praxis.

Drei Tage später rief er mich an, um mir begeistert zu erzählen, daß alles in Ordnung sei und er keine weitere Behandlung mehr brauche.

Obsessionen und Zwänge

Wer unter einer Obsession leidet, trägt eine hartnäckige Idee oder Vorstellung in sich, die ihm angst macht. Dies könnte ein Gedanke sein wie »Ich werde heute einen Unfall haben« oder »Das Haus strotzt vor Bakterien« oder »Ich werde irgend jemandem ein Leid zufügen«. Selbst wenn der Betroffene erkennen kann, daß dieser Gedanke irrational ist, kann er dennoch nicht umhin, daran zu denken. Da die Idee oder

Vorstellung ihm große Angst bereitet, versucht er häufig, ihr zu begegnen, indem er ihr eine Zwangshandlung entgegensetzt, die er auf ritualisierte Weise immer dann wiederholen muß, wenn ihm der obsessive Gedanke in den Sinn kommt. Die Zwangshandlung beruhigt ihn für eine kurze Weile, bis der Gedanke erneut auftaucht und die Zwangshandlung wiederholt werden muß.

Es kommen gelegentlich auch mildere Formen solcher Störungen vor, die als »obsessiv-zwanghafte Neigung« bezeichnet werden. Sie äußern sich darin, daß der Betroffene in Streßsituationen immer wieder nachsehen muß, ob die Tür wirklich abgeschlossen oder der Wasserhahn tatsächlich zu ist, sein zwanghaftes Verhalten aber ablegen kann, sobald der Streß vorüber ist. Patienten, die an der stärkeren Form leiden, stehen derart unter Anspannung, daß sie ihre ritualisierten Gedanken und Handlungen selbst dann nicht unterlassen können, wenn in ihrem Leben alles nach Plan läuft.

Eine obsessiv-zwanghafte Störung kann sich auf vielfältige Weise äußern. In der folgenden (unvollständigen) Liste werden einige Symptome und Beispiele genannt:

⋄ nicht auf die Ritzen im Bordsteinpflaster zu treten
⋄ bestimmte Farben oder Zahlen um jeden Preis zu meiden
⋄ immer wieder zu prüfen, ob die Tür abgeschlossen / der Herd ausgeschaltet / alle Fenster geschlossen / die Wasserhähne zu sind und so weiter
⋄ alle Dinge im Haus in einer bestimmten Ordnung haben zu müssen
⋄ ununterbrochen das Haus zu putzen
⋄ sich ununterbrochen die Hände zu waschen
⋄ das Geld im Portemonnaie immer wieder zu zählen
⋄ übertriebene Beunruhigung wegen Schmutz und Bakterien
⋄ übertriebene Beunruhigung wegen körperlicher Ausscheidungen

◇ bestimmte Gegenstände (zum Beispiel der Türgriff) soundsoviele Male berühren zu müssen, bevor man einen Raum
   betreten oder verlassen kann
◇ sich selbst einen bestimmten Satz sagen zu müssen, um
   einem angsteinflößenden Gedanken entgegenzuwirken
◇ Angst zu haben, sich selbst oder anderen ein Leid zuzufü-
   gen
◇ Angst davor zu haben, urplötzlich mit Obszönitäten her-
   auszuplatzen
◇ die Unfähigkeit, obsessive Gedanken oder zwanghafte Handlungen zu kontrollieren
◇ wenn obsessive Gedanken und zwanghafte Handlungen
   im Leben überhandnehmen und die Routine des Alltags
   dominieren

Einige Menschen mit obsessiv-zwanghaften Störungen haben eine bestimmte Persönlichkeitsstruktur: Es fällt ihnen
schwer, emotionale Wärme auszudrücken, die Arbeit hat für
sie einen höheren Stellenwert als das Vergnügen, sie sind in
der Regel sehr kritisch sich selbst und anderen gegenüber
und neigen zu Perfektionismus, übertriebenem Pflichtbe-
wußtsein und mangelnder Flexibilität. Besonders die mangelnde Flexibilität kann eine Behandlung solcher Patienten
sehr schwierig machen. Sowohl die Hypnoanalyse als auch
die Verhaltenstherapie haben jedoch gute Erfolge gebracht,
und Kontrolluntersuchungen haben gezeigt, daß die positiven Ergebnisse auch von anhaltender Dauer sind.
   Eine obsessiv-zwanghafte Störung kann scheinbar aus heiterem Himmel ohne jeden erkennbaren Grund auftauchen.
Der Betreffende bemerkt nur, daß ihm auf einmal ein stark
angsteinflößender Gedanke durch den Kopf geht, den er loswerden muß, weil er ihn in heillosen Aufruhr versetzt. So
muß er einen »Trick« anwenden, also sich zum Beispiel ein
bestimmtes Wort oder einen Satz vorsagen oder soundsoviele

Male rückwärts durch ein Tor gehen, damit der schreckliche Gedanke sich nicht realisiert.

Ähnlich wie bei Panikanfällen gehen obsessiv-zwanghaften Störungen in der Regel ein oder mehrere belastende Ereignisse voraus, die das Angstniveau des Klienten bereits heraufgesetzt haben. Dies kann eine Krankheit, eine Krise in der Familie oder Streß bei der Arbeit sein. Am ehesten anfällig für solche Störungen sind Menschen mit geringem Selbstvertrauen und/oder Selbstwertgefühl, die ohnehin zu Ängstlichkeit neigen.

Um einem Klienten bei der Überwindung einer Obsession und/oder eines Zwanges zu helfen, richtet der Therapeut sein Augenmerk darauf, die Grundängste zu erhellen, die jener der Störung vorausgegangenen Überlastung zugrunde liegen. Durch die Aufarbeitung vergangener Traumata wird das Selbstvertrauen und Selbstwertgefühl des Klienten gestärkt, und er hat das Gefühl, sein Leben besser im Griff zu haben. Dementsprechend tritt der obsessive Gedanke mehr und mehr in den Hintergrund, und damit verschwindet auch die Zwangshandlung.

Fallstudie: Obsessive Gedanken

Maureen war seit sechs Jahren verheiratet und hatte zwei kleine Töchter. Seit zwei Jahren litt sie an dem beängstigenden Gedanken, daß sie ihren Kindern etwas antun würde. Ihr war zwar auf einer Seite klar, daß sie dies niemals tun würde, doch dieses Wissen half ihr nicht, sich von der obsessiven Vorstellung zu lösen. Das Ganze machte ihr sehr zu schaffen, und sie versicherte mir lang und breit, daß dies nur Gedanken seien und sie ihren Kindern niemals auch nur ein Haar krümmen würde. Maureen schämte sich zutiefst über ihr Problem und hatte Angst, verrückt zu werden. Sie hatte ihre Obsession bislang durch ununterbrochenes Arbeiten in den Griff bekommen, doch sobald sie auch nur einen Augenblick Ruhe fand, kamen die Gedanken zurück.

Maureens Vorgeschichte ergab, daß dem erstmaligen Auftreten der obsessiven Gedanken zwei Dinge vorausgegangen waren: Sechs Monate zuvor hatte sie erfahren, daß ihr Mann fremdgegangen war. Sie war zutiefst verletzt und verunsichert und suchte nach dem Grund dafür; auf der anderen Seite aber fühlte sie sich von ihm betrogen. Da die Kinder ihren Vater aber abgöttisch liebten, hatte sie das Gefühl, ihre Wut schlucken zu müssen. Nach dem Geständnis wurde nie wieder über die Affäre gesprochen, doch innerlich hatte Maureen sie noch längst nicht überwunden. Sie verbrachte viel Zeit damit, Erklärungen für das Verhalten ihres Mannes zu finden und sich selbst die Schuld dafür zu geben. Einige Wochen später erzählte ihr ein Nachbar, daß ein sechsjähriger Junge, den beide kannten, ermordet worden war, und zwar ganz offensichtlich von seiner eigenen Mutter. Obwohl dies niemals bewiesen wurde, setzte sich das Bild in Maureen fest – eine Mutter, die ihr Kind umbrachte. Maureen sah sich auf einmal selbst mit dem Messer in der Hand auf ihre Kinder losgehen – eine furchtbare Vorstellung! Und ganz gleich, wie viele Beispiele sie sich von ihrer eigenen Fürsorglichkeit geben konnte, sie hatte ständig Angst, daß sie diesen Gedanken eines Tages doch noch in die Tat umsetzen würde.

Als wir Maureens Vergangenheit unter Hypnose analysierten, fanden wir unzählige Situationen, in denen Maureen als Kind von ihrer Familie wie ein Aschenputtel behandelt worden war. Sie wurde selten gelobt und oft zurechtgewiesen, während ihre ältere Schwester nie etwas falsch machen konnte. Als Maureen ihr Elternhaus verließ, um zu heiraten, war sie introvertiert und hatte nur wenig Selbstvertrauen, fand aber in ihrer Rolle als Ehefrau und Mutter neuen Halt, bis der Seitensprung ihres Mannes ihr zerbrechliches Selbstvertrauen zerstörte.

Wir bearbeiteten mehrere Kindheitstraumata ebenso wie die emotional noch unbewältigte Untreue ihres Mannes. Auf die Frage, was sie ihm gegenüber gefühlt habe, als sie von der Sache erfuhr, meinte sie, sie hätte ihm am liebsten »ein Messer in den Bauch gejagt«. Von hier kam also das Bild des Messers, das sie in Gedanken verfolgte! Es trat in Erscheinung, als sie ihrer Wut gegen den Ehemann nicht hatte Ausdruck verleihen können, weil sie Angst hatte, von ihm verlassen zu werden. So wurde das Gefühl im Unterbewußtsein auf die Kinder umgelenkt, wobei der schockierende Bericht über den tatsächlichen Mord an dem kleinen Jungen die Verbindung hergestellt hatte.

Nachdem Maureen unter Hypnose ihrer Wut gegenüber den Menschen, die sie gekränkt hatten, Luft gemacht hatte, traten die obsessiven Gedanken merklich in den Hintergrund. Sie gewann mehr Selbstvertrauen und war froh darüber, daß die negativen Vorstellungen nach und nach verschwanden.

Schmerzlinderung

Die Hypnotherapie hat sich in vielen Situationen als wirksames Anästhetikum erwiesen. Hier einige der häufigsten Schmerzfälle, die gut auf Hypnose ansprechen:

✧ Verbrennungen
✧ Krebs
✧ Phantomschmerzen nach Amputationen
✧ Geburten
✧ zahnärztliche Eingriffe
✧ chirurgische Eingriffe einschließlich Kaiserschnitt
✧ Schmerzen im Rahmen von chronischen Erkrankungen

Manche Menschen reagieren allergisch auf Anästhetika, und in solchen Fällen bietet die Hypnose eine wertvolle Alternative. Hypnose kann auch Schmerzmittel und muskelentspannende Medikamente ersetzen. Es ist mittlerweile eine anerkannte Tatsache, daß eine Vollnarkose ein Risiko darstellt und den Körper stark belastet; es dauert oft jahrelang, bis die vor und während einer Operation verabreichten Medikamente wieder ausgeschieden sind. Setzt man Hypnose zur Schmerzlinderung, Anästhesie und Muskelentspannung ein, muß mit keiner dieser unerwünschten Nebenwirkungen gerechnet werden.

Sollten wir das Gefühl des Schmerzes definieren, so würden wir es wahrscheinlich als eine unangenehme physische Empfindung beschreiben, die uns emotional leiden läßt. Doch was geschieht tatsächlich in unserem Körper?

Wenn unsere Haut mit einem sie verletzenden Objekt in Kontakt kommt – dem Fuß eines anderen Menschen auf den eigenen Zehen oder der heißen Ofentür an den Händen –, leiten mikroskopisch feine Strukturen in der Haut, die sogenannten freien Nervenenden, über die Nervenfasern Impulse ans Rückenmark weiter. Von hier aus gelangt die Schmerzbotschaft in den Thalamus des Gehirns – in diesem Augenblick ziehen wir rasch unsere Hand von der Ofentür zurück oder sagen dem anderen, er möge seinen Fuß doch woandershin stellen.

Dieser Vorgang dauert nicht mehr als den Bruchteil einer Sekunde. In diesem Zusammenhang ist Schmerz eine notwendige Erscheinung, die sicherstellt, daß wir uns aus dem Einflußbereich des uns verletzenden Objekts zurückziehen und damit noch größeren Schaden vermeiden.

Schmerzen können jedoch auch infolge einer Schädigung des Nervensystems auftreten, wie sie durch Verletzungen oder Krankheiten entstehen kann. Sie erfüllen dann keinen besonderen Zweck, können jedoch äußerst hartnäckig sein. Das gleiche trifft nach der Amputation von Gliedmaßen zu: Der Patient hat den Eindruck, der fehlende Körperteil sei immer noch da, und gelegentlich plagen ihn gar unangenehme Phantomschmerzen an einer Stelle, an der gar nichts mehr ist. Auch in diesem Fall hat der Schmerz keinen Zweck.

Die Intensität unserer Schmerzwahrnehmung hängt nicht nur von dem Grad der Verletzung durch ein Objekt ab, sondern wird von mehreren anderen Faktoren mitbestimmt. In dem Abschnitt über Phobien *(Seite 68)* wurde beschrieben, daß man phobische Reaktionen von einem anderen übernehmen kann. Dies gilt auch für Schmerzreaktionen. Wer unter Menschen aufgewachsen ist, die bei jeder kleinsten Verletzung einen Riesenaufstand machten, der wird eher vor Schmerzen Angst haben und infolgedessen jede Art von körperlichem Leid als besonders schrecklich empfinden.

Auch die geistige und emotionale Verfassung des einzelnen spielt eine Rolle. Wer das Gefühl hat, sein Leben nicht im Griff zu haben, von anderen abhängig ist und kein ausreichendes Selbstwertgefühl hat, wird sich eher vor Schmerzen fürchten und diese als traumatisch erleben als jemand, der selbstbewußt und unabhängig ist.

Bevor ein Hypnotherapeut einem Klienten helfen kann, seine Schmerzen zu lindern oder ganz abzuschalten, wird er ihn zunächst zu einem praktischen Arzt schicken, um sicherzustellen, daß es keine physischen Ursachen für die Beschwerden gibt, wie etwa ein Geschwür oder eine andere Krankheit, die bislang unerkannt geblieben ist. Ist diese Möglichkeit ausgeschlossen, versetzt der Hypnotherapeut seinen Klienten in einen angenehmen hypnotischen Zustand und arbeitet dann mit Visualisierungen.

Soll der Klient auf eine Operation vorbereitet werden, so fragt der Therapeut nach dem Szenario, in dem sich dieser am besten entspannen kann. Manche Menschen fühlen sich in den Bergen am wohlsten, andere am Ufer eines Sees oder am Meer. Nach der Einleitung der Hypnose wird der Klient dann in diese »Lieblingslandschaft« hineingeführt, und er lernt, sich für einen längeren Zeitraum darin zu vertiefen.

Fallstudie: Zahnchirurgischer Eingriff

An Stephen sollte ein zahnchirurgischer Eingriff vorgenommen werden, doch er reagierte allergisch auf Betäubungsmittel. Sein Zahnarzt, ein ausgebildeter Hypnotherapeut, versetzte ihn in hypnotische Trance, indem er ihn Bilder von einem Segeltörn auf einem großen See visualisieren ließ, denn er wußte, wie begeistert sein Patient von diesem Sport war. Und so war Stephen für die nächsten zwei Stunden eifrig mit »Segeln« beschäftigt – die Leuchte über ihm integrierte er als gleißendes Sonnenlicht in seine Träume, und das Gurgeln der Absaugvorrichtung deutete er als Plätschern der Wellen gegen den Bug des Bootes. Daß der Zahnarzt mit seinem Skalpell tief in sein Zahnfleisch schnitt, davon merkte er nichts …

Wenn ein Klient infolge einer Erkrankung oder Verletzung an Schmerzen leidet, oder auch wenn er nach einer Amputation Phantomschmerzen verspürt, kann der Hypnotherapeut ihn auch anleiten, sich diese als einen konkreten Gegenstand vorzustellen. So könnten brennende Schmerzen als Feuerball und stechende Schmerzen als eine Batterie von Wurfmessern beschrieben werden, die sich eines nach dem anderen in einen bestimmten Körperteil bohren. Der Klient kann lernen, die Wirkung dieses schmerzvollen Bildes unter Hypnose abzumildern, indem er es mit einem angenehmen überlagert. So kann der Feuerball in kühlenden Schnee gebettet werden, oder die Körperstelle, die von Messern durchbohrt wird, kann solchermaßen gestählt werden, daß die Klingen ihr nichts mehr anhaben können.

Fallstudie: Phantomschmerzen

Cedric litt häufig an Schmerzen in seiner amputierten Hand, die er selbst mit Hilfe starker Analgetika nicht unter Kontrolle bekommen konnte. Er wurde von seinem Arzt an einen Hypnotherapeuten überwiesen und lernte dort, wie er sich mit

Hilfe von Selbsthypnose entspannen und seine Schmerzen lindern konnte. Im Zustand der Trance suggerierte ihm der Therapeut, daß er bei jedem Gedanken an seine amputierte Hand ein angenehmes Gefühl empfinden könne, so als würde er das seidige Fell einer Katze streicheln. Die Verbindung zwischen amputiertem Körperteil und angenehmer taktiler Empfindung wurde mit einer posthypnotischen Suggestion verankert, so daß Cedric seinen Schmerz noch in dem Augenblick abschalten konnte, in dem sich dieser bemerkbar machte.

Es ist immer noch unerforscht, auf welche Weise die Hypnose ihre schmerzlindernde Wirkung entfalten kann. Zunächst wurde vermutet, daß es durch die Hypnose zu einer Ausschüttung von körpereigenen Opiaten kommt. Doch selbst wenn man einem Patienten im Zustand der Trance Naloxon verabreicht, das die Wirkung von Opiaten unterbindet, bleibt der schmerzimmunisierende Effekt erhalten. Es scheint, daß die Visualisierung von Bildern unter Hypnose die Konzentration des Betreffenden derart in Anspruch nimmt, daß die Schmerzwahrnehmung abgeschaltet wird.

Psychosomatische Beschwerden

Als *psychosomatisch* werden jene Beschwerden bezeichnet, bei denen psychische Belastungen zu einer Beeinträchtigung des Körpers führen. Wir haben uns bereits mit der Verbindung zwischen Körper und Geist befaßt und gesehen, wie Bewußtsein und Unterbewußtsein miteinander in Interaktion stehen *(siehe Seite 17–20)*. Wenn sich emotionale Belastungen häufen und diese Emotionen zudem unterdrückt werden, so ist das vegetative Nervensystem in ständiger Alarmbereitschaft; dies führt zu einem Anstieg des Blutdrucks und veranlaßt die Drüsen dazu, mehr Hormone auszuschütten, als der Körper braucht. Dies wiederum führt zu einer unnötigen

Belastung der inneren Organe. Ist ein Mensch beispielsweise wütend, so steigen sein Blutdruck und seine Puls- und Atemfrequenz. Hat sich die Wut gelegt, kehren sich diese physiologischen Prozesse wieder um. Ist jemand aber chronisch wütend, bleiben die mit seinem Erregungszustand einhergehenden physischen Symptome permanent bestehen. Dies gilt besonders dann, wenn der Betreffende kein Ventil für seine Wut hat. Mit der Zeit wird er dann die unangenehmen Begleiterscheinungen des Bluthochdrucks spüren; dabei braucht er sich nicht notwendigerweise der Emotionen bewußt zu werden, die diese Symptome hervorgerufen haben.

Als Krankheiten und Beschwerden mit psychosomatischer Komponente lassen sich nennen:

✧ Bluthochdruck
✧ Asthma
✧ Ekzeme
✧ Psoriasis
✧ Reizkolon
✧ Verspannungskopfschmerzen
✧ Rücken- und Nackenschmerzen
✧ Impotenz
✧ Dermatitis
✧ Geschwüre
✧ Krebs
✧ Multiple Sklerose (MS)
✧ Myalgische Enzephalomyelitis (ME) und chronische Ermüdungserscheinungen

Bei der Behandlung von psychosomatischen Beschwerden konzentriert sich der Hypnotherapeut auf die Emotionen, die den Körper unter Streß setzen und ihn daran hindern, richtig zu funktionieren. In diesem Zusammenhang geht es weniger darum, an welcher Stelle die emotionale Überlastung zum Ausdruck kommt; wichtig ist nur, daß der Körper auf etwas reagiert, das auf emotionaler Ebene nicht in Ordnung ist. Das betroffene Organ, sei es nun die Haut, das Herz oder der Darm, ist lediglich die Schwachstelle, die ähnlich einer Sicherung bei Überbelastung durchbrennt. Es gibt jedoch auch Therapeuten, die großen Wert darauf legen, welche psychosomatische Krankheit vorliegt, um diese mit bestimmten Emotionen in Beziehung zu bringen. Leidet ein Klient beispielsweise unter Rücken- und Nackenschmerzen, so versuchen sie herauszufinden, wer ihm »im Nacken sitzt«. Hat der Betreffende ein Geschwür, so schlußfolgert der Therapeut vielleicht, daß irgend etwas an ihm »nagt«; oder hat er Asthma, so könnte er fragen, was ihm da wohl »die Luft abschnürt«. Häufig sind diese Assoziationen zwischen Krankheitsbild und Emotionen erstaunlich zutreffend.

Die Hintergründe von psychosomatischen Beschwerden können vielfältig sein, doch sie stehen in der Regel mit einer fortwährenden, belastenden Lebenssituation in Zusammenhang, der sich der Betreffende aus dem einen oder anderen Grund nicht entziehen kann – oder glaubt, sich nicht entziehen zu dürfen. Dies können unhaltbare Bedingungen am Arbeitsplatz sein, wenn sich der Klient gezwungen sieht, Aufgaben zu verrichten, für die ihm die Ausbildung fehlt; oder aber er leidet unter einem unerträglichen Arbeitsklima, häufigen Streitereien in der Familie oder bei der Arbeit; oder er fühlt sich durch zu große Verantwortung ohne entsprechende Anerkennung belastet oder sorgt sich wegen einer lang andauernden, problematischen Situation wie einem langfristigen Arbeitsprojekt oder der Auseinandersetzung mit schwierigen Kindern oder Eltern.

Es ist wirklich erstaunlich, wie widerstandsfähig der Körper gegen Streß ist. Er muß sich schon ziemlich lang im Zustand emotionalen Aufruhrs befinden, bevor sein Abwehrsystem zusammenbricht, oder, genauer gesagt, bis wir *mer-*

ken, daß der Körper unter dem emotionalen Angriff leidet. Der Körper hat ein unglaubliches Regenerationsvermögen, und wenn wir uns nicht von einer Krankheit erholen können, so weist dies eindeutig darauf hin, daß wir mit unseren Ressourcen Raubbau betrieben haben. Es ist ein Warnsignal, das wir ernst nehmen müssen, um ernstlicheren physischen Problemen aus dem Weg zu gehen.

Fallstudie: Asthma

Victoria litt seit zwei Jahren an Asthma, das erstmals etwa sechs Monate nach dem Tod ihres Vaters aufgetreten war. Sie war achtunddreißig Jahre alt und arbeitete als Firmenberaterin. Während unserer ersten Sitzung meinte Victoria, sie wolle gern eine eigene Familie gründen. Vor der Einleitung der Hypnose untersuchten wir, welche wichtigen Ereignisse es in ihrem Leben vor dem Auftreten der Atembeschwerden gegeben hatte. Victoria berichtete, wie sie einmal beim Verlegen eines Teppichbodens geholfen und von den Klebstoffdämpfen Atembeschwerden bekommen hatte; bei näherem Nachdenken aber meinte sie schließlich doch, daß sie zu jenem Zeitpunkt bereits Asthma gehabt habe und die Klebstoffdämpfe ihren Zustand zwar verschlimmert, diesen aber nicht verursacht hätten.

Alles deutete darauf hin, daß das für das Asthma verantwortliche Trauma im Tod ihres Vaters zu suchen sei, doch Victoria hatte nicht das Gefühl, so sehr darunter gelitten zu haben. Wir einigten uns darauf, diesen Punkt unter Hypnose näher zu betrachten. Victoria kehrte in Trance in die Zeit vor dem Tod ihres Vaters zurück; in ihrer Erinnerung war er ein rechthaberischer Mann, der die ganze Familie mit seinen Launen und Forderungen auf Trab hielt. Um des lieben Friedens willen hatte Victoria von klein auf eine Vermittlerrolle zwischen ihm und den übrigen Familienmitgliedern übernommen. Als er schließlich starb, war sie zwar innerlich aufgewühlt, doch nicht völlig aus der Bahn geworfen, denn sie war ihm nie sehr nah gewesen.

Nach dem Tod des Vaters schien jedoch die Mutter eine Menge Aufmerksamkeit zu fordern. Damit sie sich um sie kümmern konnte, verbrachte Victoria weiterhin jedes Wochenende in ihrem Elternhaus, wie sie es schon in den vergangenen zwei Jahren getan hatte, um ihren bettlägerigen Vater zu versorgen. Da sie unter der Woche arbeitete und an den Wochenenden ihrer Mutter Gesellschaft leistete, blieb ihr auch jetzt nicht genügend Zeit für ein eigenes Privatleben, und es schien ihr, als würde ihr die Zeit davonlaufen, wenn sie noch eine eigene Familie gründen wollte. Als ich sie darauf aufmerksam machte, wie sehr sie sich immer um die anderen kümmerte, und sie fragte, wer eigentlich für sie etwas täte, brach sie in Tränen aus. Sie hatte sich ihr ganzes Leben lang stets um das Wohl der anderen gekümmert, für sich selbst aber hatte sie nie sorgen können.

Bereits nach unserer ersten Sitzung fühlte sich Victoria sehr erleichtert. Sie meinte, es fühle sich so an, als habe man ihr ein Gewicht von der Brust genommen. In bezug auf ihr Asthma war bereits eine erste Verbesserung festzustellen.

Nach ein paar Therapiestunden, in denen Victorias Selbstvertrauen gestärkt wurde und sie sich von den Schuldgefühlen löste, die sie davon abgehalten hatten, sich mehr auf sich selbst und ihre eigenen Bedürfnisse zu konzentrieren, konnte Victoria mit ihrer Mutter reden und ihr erklären, daß sie in Zukunft nicht mehr so häufig zu ihr kommen würde, weil sie sich nur so ein eigenes Privatleben aufbauen könne.

Darauf verbesserte sich das Asthma so sehr, daß Victoria schließlich ganz ohne Inhalator auskam.

Leistungssteigerung

Immer mehr Sportlerinnen und Sportler nutzen die Mittel der Hypnose und Selbsthypnose, um sich vor einem Wettkampf in Höchstform zu bringen. Sportpsychologen und Hypnotherapeuten haben mittlerweile einen festen Platz in den Betreuungsteams von Fußballmannschaften, Tennisspielern, Turnern, Boxern, Golfspielern und Läufern. Man weiß, daß es nicht reicht, den Körper zu trainieren; nur wenn der Geist dahintersteht und den Körper in seiner Leistungsbereitschaft unterstützt und stärkt, kann man wirklich alles aus sich herausholen. Selbsthypnose mittels Visualisierung ist eine weit verbreitete, effiziente und von einer wachsenden Anzahl von Athleten praktizierte Methode, um die Technik zu verfeinern und den Geist auf einen positiven Ausgang des bevorstehenden Wettkampfs auszurichten.

In folgenden Bereichen wird Hypnose zur Unterstützung eingesetzt:

◇ zum schnelleren Erlernen neuer Techniken und Fähigkeiten in der jeweiligen Sportart
◇ zur Konzentrationssteigerung
◇ zur Steigerung der Präzision
◇ zur Stärkung des Körperbewußtseins in bestimmten Bewegungsabläufen
◇ zur Auflösung von Versagensängsten

Verschiedene Versuche haben den Nachweis erbracht, daß Hypnose das Kraftpotential und das Leistungsniveau des Körpers stärkt, und zwar sowohl im Hinblick auf die rein physischen Leistungen als auch auf die geistige Haltung. Bei einem dieser Versuche wurde bei den Testpersonen die Muskelkraft des jeweils dominanten Arms bestimmt, je nachdem, ob diese Links- oder Rechtshänder waren. Dabei wurde eine durchschnittliche Hebekraft von etwa vierzig Kilogramm ermittelt. Nachdem man den Testpersonen suggeriert hatte, sie seien müde und schwach, verringerte sich die Muskelkraft auf durchschnittlich elf Kilogramm. Anschließend gab man ihnen die umgekehrte Suggestion: Sie seien in Höchstform und spürten einen außergewöhnlichen Energieschub in ihrem Körper. Hierdurch konnte die durchschnittliche Muskelkraft der Testgruppe auf beeindruckende hundertfünfundzwanzig Kilogramm gesteigert werden. All dies geschah innerhalb einer einzigen Stunde!

Wie wichtig Einstellung und Glaubenssätze für die körperliche Leistungsfähigkeit sind, wurde in einer Versuchsreihe mit Läufern demonstriert. Einem Läufer, der stets im Wettkampf gegen einen seiner Teamkollegen unterlag, wurden Plazebos (Tabletten ohne jeden Wirkstoff) verabreicht; man sagte ihm, diese würden seine Leistungen dermaßen verbessern, daß er seinem Teamkollegen überlegen sei. Und wirklich gelang es dem Läufer innerhalb kürzester Frist, seinen Konkurrenten bei jedem Rennen zu schlagen. Selbst nachdem er die »Tabletten« abgesetzt hatte, konnte er sein höheres Leistungsniveau halten.

Es wurden Bedenken laut, daß der Einsatz von Hypnose zu einer Überbeanspruchung des Körpers und damit zu ernsten Schäden und Auszehrungserscheinungen führen könne. Doch diese Befürchtungen haben sich als gegenstandslos erwiesen. Die durch die hypnotischen Suggestionen hervorgerufene Leistungssteigerung scheint eher auf einer Beseitigung mentaler Barrieren zu beruhen, die der Ausnutzung des gesamten Potentials an Muskelkraft sowie der Koordinations- und Konzentrationsfähigkeit im Wege stehen, und nicht so sehr darauf, daß dem Athleten etwas von außen zugeführt würde, was er nicht ohnehin schon in sich trüge. Mit anderen Worte: Die Hypnose bringt das Beste in jedem Sportler hervor.

Es versteht sich von selbst, daß es nicht ohne regelmäßiges Training und eine gewisse Begabung in der gewählten Sportart geht, doch sind diese Grundbedingungen erfüllt, kann die Hypnose zu einer beträchtlichen Leistungssteigerung führen und dem einzelnen den Weg in die Spitzenklasse seiner Sparte ebnen.

Als weitere Bereiche, in denen sich mit Hypnose Leistungssteigerungen erzielen lassen, wären zu nennen:

✧ Verbesserung der Gedächtnisleistung
✧ Entfaltung der Kreativität
✧ Überwindung des Lampenfiebers bei Schauspielern, Sängern, Tänzern und anderen Personen im Rampenlicht der Öffentlichkeit
✧ Verbesserung von Test-/Prüfungsergebnissen durch bessere Konzentrationsfähigkeit und die Überwindung von Prüfungsängsten
✧ Auflösung von Schreibblockaden
✧ schnelleres Lernen

Fallstudie: Golf

Als Bill vor drei Jahren in Ruhestand gegangen war, hatte er mit dem Golfspielen begonnen und gute Fortschritte gemacht, bis er in seinem ersten Clubturnier verlor. Er hatte die Nerven verloren, als er spürte, wie alle Augen auf ihn gerichtet waren, und seit dieser Zeit spielte er immer schlechter, weil er bereits mit dieser Erwartungshaltung auf den Golfplatz kam. Es gelang ihm kaum noch ein akzeptabler Schlag, und dies verdarb ihm die Lust an diesem Sport.

Im Laufe von drei hypnotherapeutischen Sitzungen lernte Bill, sich richtig zu entspannen und eine Art Tunnel zu visualisieren, der es ihm ermöglichte, sich total auf seinen Schlag zu konzentrieren. Als Ausgangspunkt nutzte er die Erinnerung daran, zu welchen Glanzleistungen er früher fähig gewesen war. Von hier aus führte er sich in Gedanken durch alle Einzelheiten eines perfekten Schlags: die korrekte Körperhaltung, das Gefühl der Balance, die Position der Hände am Schläger, die Bewegungen von Oberkörper, Hüften und Armen sowie den genauen Bewegungsablauf beim Schlag.

Unterstützt durch Selbsthypnose übte Bill seinen Schlag, und schon bald berichtete er, auf dem Golfplatz wieder die alte Form erreicht zu haben.

4.
Was geschieht
bei der Behandlung

Wie bei jeder anderen Behandlungsmethode, in der es um menschliche Emotionen geht, kommt es auch bei der Hypnotherapie unbedingt darauf an, sich nur in die Hände eines kompetenten Therapeuten zu begeben. Wie aber kann man herausfinden, welcher nun wirklich kompetent ist? In den Gelben Seiten wimmelt es nur so vor einschlägigen Einträgen, und manche bestechen allein wegen ihrer Größe und gekonnten Aufmachung; manche Hypnotherapeuten scheinen allein an der Anzahl ihrer Titel gemessen besonders gut qualifiziert zu sein. Leider sind jedoch weder kostspielige Inserate noch wohlklingende Berufsbezeichnungen eine Garantie dafür, daß ein Therapeut tatsächlich seine Arbeit beherrscht. Selbst eine noch so gute Ausbildungsstätte wird immer auch einige schlechte Hypnotherapeuten produzieren, ebenso wie eine mittelmäßige durchaus einige gute hervorbringen kann, die die Grenzen ihrer Ausbildung erkennen und ihr Wissen in weiteren Kursen vertiefen. Denn es geht nicht nur darum, die verschiedenen Techniken zur Hypnoseeinleitung, Anwendung von Suggestionen und Bearbeitung von Erinnerungen zu beherrschen, sondern auch darum, mit den eigenen Problemen im reinen zu sein, bevor man sich an die Behandlung anderer Menschen macht. Nicht alle Ausbildungsgänge schreiben eine Analyse der eigenen Person vor, obwohl dies eine unabdingbare Voraussetzung für jeden Therapeuten sein sollte. Neben dieser Analyse sollte ein Therapeut zumindest im ersten Jahr seiner Praxis Supervision erhalten, um ein regelmäßiges Feedback und die Unterstützung eines erfahrenen Kollegen zu bekommen. Viele frischgebackene Therapeuten geben ihre Praxis bereits nach kurzer Zeit wieder auf, weil sie sich der enormen Verantwortung dieses Berufes nicht gewachsen fühlen.

Schließlich muß ein Therapeut in der Lage sein, ein gutes Verhältnis zu seinen Klienten aufzubauen, und dies ist eine persönliche Eigenschaft, über die nicht jeder gleichermaßen verfügt. Ein guter Hypnotherapeut – oder ganz allgemein ein guter Psychotherapeut – zeichnet sich durch echtes Interesse an seinen Mitmenschen, die Fähigkeit zur realistischen Einschätzung, Selbstvertrauen und Selbstverantwortlichkeit aus, außerdem verfügt er über die Fähigkeit, die Probleme seiner Klienten in der Praxis zu lassen und nicht mit nach Hause zu nehmen. Wie Sie sehen: eine lange Liste von notwendigen Qualifikationen und Eigenschaften!

Die beste Art, einen Hypnotherapeuten zu wählen, ist natürlich über eine persönliche Empfehlung. Dies ist jedoch nicht immer möglich. Um Ihnen die Wahl zu erleichtern, erfahren Sie in diesem Kapitel, was Sie bei einem Hypnotherapeuten vom Erstgespräch bis zur eigentlichen Behandlung erwarten können. Auf Seite 128–129 finden Sie eine Liste von Fragen, die Sie sich selbst oder dem Therapeuten stellen sollten, bevor Sie sich auf eine Behandlung einlassen.

Vor der Vereinbarung eines Termins

In der Regel wird man sich einen Hypnotherapeuten in der Nähe des Wohnorts oder Arbeitsplatzes suchen, sofern man nicht eine persönliche Empfehlung bekommen hat, die eine weitere Anreise lohnenswert erscheinen läßt.

Wenn Ihnen niemand in der Familie oder im Freundeskreis einen Therapeuten empfehlen kann, wenden Sie sich am besten an Ihren Hausarzt. In Arztpraxen liegen mittlerweile oft Informationsblätter über örtliche Hypnotherapieangebote aus. Ist dies der Fall, so fragen Sie unbedingt nach, ob und mit welchem Erfolg andere Patienten bei dem betreffenden Therapeuten gewesen sind. Auf diese Weise können Sie sicherstellen, nicht bei irgendeinem x-beliebigen zu landen.

Eine weitere Möglichkeit zur Suche eines geeigneten Therapeuten bieten auch die lokale Tageszeitung oder das Branchenbuch. Suchen Sie sich zwei oder drei Therapeuten in Ihrer Nähe heraus. Überlegen Sie sich dabei, ob Sie sich bei einem Mann oder einer Frau wohler fühlen würden. Rufen Sie an und achten Sie darauf, wie Ihr Anruf entgegengenommen wird: von einer Person, einem Anrufbeantworter oder auch überhaupt nicht.

Wenn am anderen Ende der Leitung jemand den Hörer abnimmt, hatten Sie das Glück, den Therapeuten selbst an die Leitung zu bekommen; oder aber dieser hat eine Sprechstundenhilfe und arbeitet in einer Gemeinschaftspraxis mit anderen Therapeuten. Wenn sich ein Anrufbeantworter meldet, legen Sie nicht auf! Nutzen Sie vielmehr die Gelegenheit, sich den Ansagetext genau anzuhören. Klingt er professionell? Gefällt Ihnen die Stimme? Die meisten Hypnotherapeuten arbeiten allein und haben keine Sprechstundenhilfe, um Anrufe entgegenzunehmen; so müssen Sie, während Sie mit einem Klienten arbeiten, den Anrufbeantworter einschalten.

Meldet sich weder eine Person noch ein Anrufbeantworter und niemand hebt ab, ganz gleich, wie lange Sie es klingeln lassen, könnte dies darauf hindeuten, daß der Therapeut nicht sonderlich professionell ist. Versuchen Sie es am nächsten Tag noch einmal; wenn Sie dann immer noch niemanden erreichen, suchen Sie sich jemand anderen aus dem Telefonbuch aus.

Manche Therapeuten bieten Ihnen an, Ihnen eine Broschüre zu schicken; andere stellen keine Informationsschriften zur Verfügung. Es kann sinnvoll sein, sich erst mit Hilfe von Broschüren zu informieren, denn auf diese Weise erfahren Sie mehr über die Therapeuten sowie deren Qualifikationen und Arbeitsweise. Auch die Aufmachung der Broschüre kann einen ersten Eindruck von der Professionalität des Therapeuten geben. Am Ende aber entscheidet die persönliche Begegnung, so daß solche Hinweise zwar beachtenswert, aber bei der Wahl nicht unbedingt ausschlaggebend sind.

Wenn Sie Ihren Namen und Ihre Telefonnummer auf den Anrufbeantworter sprechen, sollten Sie noch am selben Tag während der üblichen Geschäftszeiten, spätestens aber am darauffolgenden Tag einen Rückruf erhalten. Bitte erwarten Sie nicht, daß Sie der Therapeut noch spätabends oder am Wochenende anruft; nicht jeder Therapeut ist am Samstag im Einsatz. Wenn Sie an einem Werktag anrufen, können Sie mit einem Rückruf innerhalb von vierundzwanzig Stunden rechnen.

Wenn Sie nicht von vornherein wissen, daß Sie eine Suggestionstherapie wünschen (zum Beispiel, um das Rauchen aufzugeben), sollten Sie *immer* zunächst einen Termin für ein Vorgespräch vereinbaren, vor allem, wenn Sie keine Broschüre erhalten haben. Wenn es Ihnen ein ungutes Gefühl oder gar Angst bereitet, allein in die Praxis zu gehen, dann nehmen Sie zu diesem Vorgespräch eine Person Ihres Vertrauens mit, damit Sie sich später austauschen können. Aus Gründen der Höflichkeit sollten Sie den Hypnotherapeuten jedoch fragen, ob es ihm recht ist, wenn Sie jemanden mitbringen. In diesem Zusammenhang ist es wichtig zu wissen, daß die meisten Therapeuten es ablehnen, die eigentliche Hypnosebehandlung in Anwesenheit eines Dritten durchzuführen (außer wenn es sich bei dem Klienten um ein Kind handelt; in diesem Fall muß während der Sitzung ein Elternteil beziehungsweise eine Bezugsperson zugegen sein). Wäre ein Außenstehender im Raum, so würde dies den Therapieprozeß nämlich stören: Es würde dem Klienten wesentlich schwerer fallen, offen über seine Erinnerungen zu sprechen, besonders wenn diese peinlich oder schmerzlich sind, wenn neben dem Therapeuten noch eine andere Person im Raum ist.

Das Erstgespräch

Manche Hypnotherapeuten haben ihre Praxis im eigenen Haus, andere in eigens angemieteten Geschäftsräumen. Wenngleich eine räumliche Trennung von den Privaträumen auf den ersten Blick professioneller erscheinen mag, sollten Sie sich nicht davon stören lassen, wenn sich unter der angegebenen Adresse auch die Wohnung des Therapeuten befindet. Manche Häuser sind geräumig genug, um dort einen Praxisraum unterzubringen, und diese Lösung ist durchaus angemessen. Es kommt lediglich darauf an, daß der Raum ruhig ist. Schreiende Kinder im Nebenzimmer oder ein Hund, der während der Beratung schwanzwedelnd ein und aus geht, sind einem Klienten nicht zumutbar.

Das Erstgespräch bietet Gelegenheit, all die Fragen zu stellen, die Ihnen auf dem Herzen liegen, gleichzeitig kann sich der Therapeut hier entscheiden, ob er Ihre Behandlung übernehmen möchte. Beim ersten Termin klärt er, ob sich das geschilderte Problem mit den Mitteln der Hypnotherapie lösen läßt, und erläutert seine Arbeitsweise. Für Sie bietet sich hier die Chance nachzufragen, seit wann der Therapeut praktiziert und, wenn er Berufsanfänger mit weniger als einjähriger Erfahrung ist, ob er unter Supervision arbeitet. Sie können bei dieser Gelegenheit auch einen Blick auf die Anzahl der Diplome an der Wand werfen. Im allgemeinen ist es ein gutes Zeichen, wenn ein Therapeut mehrere Kurse absolviert hat, denn es zeigt, daß er sich weiterbildet. Es lohnt sich ferner herauszufinden, ob der Therapeut eine Berufshaftpflichtversicherung abgeschlossen hat, die etwaige Forderungen gegen ihn abdeckt. Auch dies ist ein Hinweis darauf, daß der Therapeut einem anerkannten Verband angehört, denn Versicherungen nehmen »unabhängig« arbeitende Einzelpersonen in der Regel nicht auf.

Bei einem Erstgespräch kommt normalerweise noch keine Hypnose zum Einsatz; es dient lediglich dazu, Ihnen und dem Therapeuten die notwendigen Informationen zu verschaffen. Fassen Sie sich bei der Beschreibung Ihres Problems kurz; Sie werden im Laufe der Behandlung ausreichend Gelegenheit zu einer ausführlicheren Schilderung haben. Denken Sie daran, daß dieses Gespräch Ihnen die Möglichkeit bietet zu sehen, ob Sie sich bei dem Therapeuten wohl fühlen, ihm vertrauen, er ihnen professionell erscheint und den Eindruck erweckt, als wisse er, wovon er spricht.

Dies ist auch der richtige Augenblick, um über die Kosten zu reden. Viele Therapeuten bieten bestimmte Preisnachlässe für Behandlungen an, die länger als drei Sitzungen beanspruchen; meistens geht dies bereits aus der Broschüre hervor. Manche Therapeuten berechnen eine »Einmalgebühr« pro Fall, die vor oder nach der ersten Sitzung zu zahlen ist und in der Regel über dem Preis einer regulären Sitzung liegt. Ist dies der Fall, so fragen Sie nach, welche Gegenleistung Sie für Ihr Geld bekommen. Ist es lediglich als eine Art Aufnahmegebühr gedacht, so sollten Sie sich möglicherweise noch einmal überlegen, ob Sie wirklich bei diesem Therapeuten bleiben möchten. Ist es hingegen ein Entgelt für eine verlängerte Erstsitzung und honoriert den Zeitaufwand, der für das Durcharbeiten der Vorgeschichte erforderlich ist, so kann eine solche Einmalgebühr durchaus gerechtfertigt und akzeptabel sein.

Es ist nicht ratsam, sich auf eine im voraus zu zahlende Pauschale für die gesamte Behandlung einzulassen. Zum einen kann man nie genau voraussagen, wie viele Sitzungen benötigt werden, und zum anderen sind Sie möglicherweise nicht mit der Vorgehensweise des Therapeuten zufrieden, können dann aber schlecht wechseln, weil Sie sich finanziell bereits verpflichtet haben. Das übliche Abrechnungsverfahren wäre, im Zuge der Behandlung jeweils nach der Sitzung beziehungsweise für eine Sitzung im voraus zu bezahlen. Mit letzterer Methode sichert sich der Therapeut dahingehend ab, daß der Klient ihm mindestens vierundzwanzig Stunden vorher absagt, wenn er einen Termin nicht einhalten kann; sagt er nicht früh genug Bescheid oder taucht gar nicht auf, verfällt die Vorauszahlung.

Vorgeschichte

Wenn Ihr Fall eine längere Behandlung erforderlich macht, wird der Therapeut aller Wahrscheinlichkeit nach mehr über Ihre Kindheit und Jugend wissen wollen, beispielsweise ob Sie in einer Partnerschaft leben und, falls ja, ob Sie glücklich darin sind.

Lassen Sie sich nicht abschrecken, wenn man Ihnen einige persönliche Fragen stellt, etwa, ob Sie eine Abtreibung oder Fehlgeburt hinter sich haben. Das ist nicht als Übergriff in Ihre Privatsphäre gedacht; der Therapeut will lediglich um solche Dinge wissen, da sie ernstliche Traumata auslösen können, die im Inneren eines Menschen lauern; die damit einhergehenden Gefühle der Schuld, Unzulänglichkeit und Trauer können die Ursache für spätere emotionale Probleme sein.

Manche Therapeuten nehmen nur eine kurze Vorgeschichte auf, andere gehen sehr ins Detail. Wieder andere sind der Meinung, daß man über die Lebensumstände des Klienten überhaupt nichts zu wissen brauche. Keine dieser Auffassungen ist eindeutig richtig oder falsch; es handelt sich hier lediglich um verschiedene Verfahrensansätze.

Die Vorgeschichte aufzunehmen hat jedoch mehrere Vorteile: Es erlaubt dem Therapeuten, sich ein Bild von der Vergangenheit seines Klienten zu machen und zu verstehen, warum er zu seinem ganz persönlichen Selbstbild und seinen Glaubenssätzen gelangt ist. Durch die Auseinandersetzung mit der Kindheit und Jugend sowie den augenblicklichen Lebensumständen erkennt ein erfahrener Therapeut bereits, auf welche Lebensbereiche er sich in seiner Arbeit konzentrieren muß. Mangelt es einem Klienten beispielsweise eindeutig an Selbstvertrauen und erzählt er, wie er in der Schule drangsaliert worden ist, so kann der Therapeut diese Erinnerungen unter Hypnose erforschen, um zu sehen, ob diese Angriffe für die Beeinträchtigung des Selbstvertrauens verantwortlich sind. Auf die gleiche Weise können positive Erinnerungen an Erfolge der Vergangenheit genutzt werden, um das Selbstbild des Klienten zu stärken oder ihm zu helfen, ein aktuelles Problem in den Griff zu bekommen. Erinnern Sie sich noch an die erste Fallstudie über das Rauchen (*siehe Seite 60*)? Hier wurde ein früheres Erfolgserlebnis als Grundlage für eine aktuelle Problemlösung genutzt.

Für den Klienten empfiehlt es sich, die Vorgeschichte so wahrheitsgetreu wie möglich zu erzählen. Manche Zeiten oder Ereignisse in unserem Leben mögen uns peinlich berühren, doch wie Sie sich denken können, sind es gerade die Dinge, über die wir nicht sprechen wollen, die unseren unerledigten emotionalen Ballast ausmachen. Und gerade weil es gilt, sich mit solchen unangenehmen Erinnerungen auseinanderzusetzen, kommt es so sehr darauf an, sich einen Therapeuten zu suchen, bei dem man sich wohl fühlt und dem man persönliche Dinge anvertrauen kann.

Betrachten Sie Ihre Therapie als Gelegenheit, solche emotionalen Angelegenheiten zu klären, und überlassen Sie es dem Therapeuten zu entscheiden, ob diese nun für Ihr aktuelles Problem von Belang sind. Je mehr emotionalen Ballast

Sie in der Therapie loswerden, desto glücklicher gehen Sie daraus hervor und desto eher werden Sie in der Lage sein, Ihr Leben selbst in die Hand zu nehmen.

Einleitungsverfahren

Es ist im Prinzip egal, ob Sie zur Einleitung der Hypnose stehen, sitzen oder liegen. Dennoch wird der Hypnotherapeut in der Regel dafür Sorge tragen, daß Sie es einigermaßen bequem haben, und einen Sessel mit verstellbarer Rückenlehne oder eine Liege mit leicht erhöhtem Kopfteil für Sie bereitstellen.

Im Abschnitt über die Selbsthypnose *(siehe Seite 43)* haben Sie bereits ein einfaches Beispiel zur Tranceeinleitung gelesen. Es kann gut sein, daß Ihr Hypnotherapeut mit einer ähnlichen Induktionsmethode arbeitet. Was Sie jedoch aller Wahrscheinlichkeit nach bei keinem Therapeuten je zu Gesicht bekommen werden, ist eine pendelnde Uhr ...

In der ersten Sitzung wird der Therapeut sich viel Zeit für die Einleitung der Hypnose nehmen. Dies ist wichtig, weil eine gute Hypnose die Basis für alle späteren, erfolgreichen Sitzungen ist.

Es gibt Hunderte von Methoden zur Hypnoseinduktion, und es würde den Rahmen dieses Buches sprengen, auch nur die Hälfte von ihnen beschreiben zu wollen. Es gibt jedoch einige Dinge, die die meisten Einleitungsverfahren gemeinsam haben, und wir werden im folgenden einige von ihnen betrachten.

Das Fixationsverfahren

Hierbei bittet der Therapeut seinen Klienten, sich auf einen bestimmten Gegenstand in seinem Blickwinkel zu konzentrieren und diesen fortwährend anzusehen. Dies kann ein Fleck an der Wand, die Spitze des Bleistifts, den der Therapeut ihm vor die Augen hält, eine rotierende Spirale, eine brennende Kerze oder jedes andere beliebige Objekt sein, das gerade zur Verfügung steht. Während der Klient den Gegenstand fixiert, suggeriert ihm der Therapeut, daß er sich mehr und mehr entspannt und immer ruhiger wird, daß die Augenlider mit zunehmender Entspannung immer schwerer werden, bis er sie nicht mehr offenhalten kann und sie schließlich zufallen läßt.

Die Fixationsmethode basiert darauf, das Interesse auf einen stark begrenzten Punkt zu konzentrieren, um so eine Art mentaler »Tunnelvision« zu erzeugen, in der die Geräusche der Außenwelt und die Gedanken des Alltags nicht mehr so wichtig erscheinen. Durch diese Konzentration wird sich der Klient seiner selbst, seiner Empfindungen und Emotionen stärker bewußt. Während der Klient den Gegenstand fixiert und die Entspannungssuggestionen hört, gerät er in einen angenehmen Zustand der Müdigkeit, in dem er einen großen inneren Frieden empfindet. Je nach Suggestibilität kann diese Einleitung zwei bis zwanzig Minuten dauern.

Das Ablenkungsverfahren

Ein typisches Beispiel für diese Form der Hypnoseeinleitung wäre, wenn der Therapeut seinen Klienten zunächst bittet, die Augen zu schließen, ihm dann einen Finger zwischen die Augenbrauen legt und ihn bittet, diesen Punkt mit geschlossenen Lidern »zu betrachten«. Dabei soll er beispielsweise in Gedanken von fünfhundert bis eins rückwärts zählen, während ihm der Therapeut suggeriert, daß er sich mit jeder Zahl mehr und mehr entspannt.

Das Ablenkungsverfahren greift auf Elemente des Fixationsverfahrens zurück, indem die Aufmerksamkeit des Klienten auf einen bestimmten Körperteil gerichtet wird und dieser zusätzlich eine mentale Aufgabe bewältigen soll. Diese beiden Dinge gleichzeitig zu tun überfordert das Bewußtsein, so daß die Suggestionen des Therapeuten leichter angenommen werden. Mit anderen Worten: Das Bewußtsein wird bewußt abgelenkt oder verwirrt, um besseren Zugang zum Unterbewußtsein zu erlangen.

Das Entspannungsverfahren

Die Methode der progressiven Muskelentspannung, die bereits auf Seite 49 beschrieben wurde, wird oft und gerne zur Hypnoseinduktion herangezogen. Je nach Suggestibilität des Klienten gibt der Therapeut mehr oder weniger genaue Anweisungen zur Konzentration auf die einzelnen Körperpartien und zum Hineinspüren in das sich einstellende Entspannungsgefühl. Er kann die Aufmerksamkeit auch auf andere Empfindungen wie etwa ein Wärmegefühl oder ein angenehmes Kribbeln lenken und suggerieren, daß sich die Entspannung mit jedem Einatmen vertieft und mit jedem Ausatmen die Anspannung den Körper verläßt.

Auch die Entspannungsmethode arbeitet mit Fixation, doch diese wird hier nicht sehr lange auf eine Stelle gerichtet, sondern wandert von einem Körperteil zum nächsten (»Ihre Füße entspannen sich mehr und mehr; fühlen Sie die Wärme und das angenehme Kribbeln in Ihren Füßen – und gehen Sie nun weiter zu den Waden ...«). Auch hier entsteht der Entspannungseffekt durch die Konzentration auf sich selbst, die die Aufmerksamkeit automatisch von externen Reizen ablenkt. In Verbindung mit den Suggestionen des Therapeuten erzeugt dies einen Trancezustand, der zugleich beruhigend und entspannend ist.

Lassen Sie mich an dieser Stelle noch einmal darauf hinweisen, daß Sie sich ungeachtet des gewählten Einleitungsverfahrens aller Wahrscheinlichkeit nach ziemlich normal, keinesfalls aber merkwürdig oder »hypnotisiert« fühlen werden. Ein »hypnotisiertes« Gefühl gibt es nicht. Sie wissen stets ganz genau, wo Sie sind; Sie können die Geräusche im

Raum oder von außen deutlich hören. Sie werden einfach nur unwichtiger, weil Sie Ihre Aufmerksamkeit jetzt auf sich selbst und Ihr physisches, mentales und emotionales Erleben richten. Sie werden lediglich ein Gefühl der körperlichen Entspannung spüren und merken, wie Ihre Gedanken zur Ruhe kommen; seien Sie also bitte nicht enttäuscht, wenn Sie sich nicht wie ein Zombie fühlen!

Vertiefung durch Rückwärtszählen

Nach der eigentlichen Hypnoseinduktion geht der Therapeut zur Vertiefung des anfänglich nur leichten Trancezustandes über. Eine sehr gebräuchliche Methode hierzu ist, rückwärts zu zählen, beispielsweise von zehn bis eins, und dem Klienten dabei zu suggerieren, daß er sich mit jeder Zahl entspannter und ruhiger fühlt, mit jeder Zahl tiefer und tiefer in den Sessel sinkt.

Nach dem Rückwärtszählen läßt sich die Hypnose mit bestimmten Visualisierungen weiter vertiefen. So kann der Therapeut das Bild einer angenehmen Landschaft entstehen lassen, wie etwa das eines sonnenüberfluteten Strandes, eines idyllischen Gartens oder eines gemütlichen Raumes, in dem man sich sicher und geborgen fühlt. Sobald die gewünschte Trancetiefe erreicht ist, beginnt der Therapeut mit den Suggestionen zu dem konkreten Problem, oder er bringt eine posthypnotische Suggestion an, mit deren Hilfe er seinen Klienten in einen tiefen, angenehmen Hypnosezustand versetzen kann, wenn er ein bestimmtes Wort ausspricht. Auf diese Weise kann die Einleitungsphase in künftigen Sitzungen beträchtlich verkürzt werden.

Hochzählen

So wie ein Klient in die Hypnose hineingeführt wird, so muß er am Ende der Sitzung auch wieder herausgeführt werden. Dies wird oftmals allein dadurch erreicht, daß der Therapeut hochzählt; gleichzeitig suggeriert er, daß der Klient sich seiner Umgebung mehr und mehr bewußt wird, wieder ins Hier und Jetzt zurückkehrt und sich ausgeruht und erfrischt fühlt.

Nach dem Hochzählen und der Rückkehr ins Tagesbewußtsein muß der Therapeut sicherstellen, daß sein Klient auch wirklich ganz aus der Trance erwacht ist. Eine Hypnose kann besonders bei Menschen, die für gewöhnlich angespannt und nervös sind, zutiefst entspannend sein, und so dauert es manchmal eine Weile, bis sie das leicht benommene Gefühl abgeschüttelt haben. Ein einfaches Hilfsmittel ist, ein paar schnelle Atemzüge zu machen und alle Muskeln mehrmals fest anzuspannen, um so den Kreislauf wieder in Schwung zu bringen.

Bearbeiten einer Erinnerung

Wie Sie gesehen haben, geht es in diesem Buch immer wieder darum, nicht nur Erinnerungen im Zusammenhang mit einem aktuellen Problem zu finden, sondern diese auch zu bearbeiten. Was bedeutet dies?

In der Hypnotherapie suchen Klient und Therapeut zunächst nach emotional belastenden Situationen, die den gegenwärtigen Symptomen vorausgegangen sind. Leidet ein Klient beispielsweise seit seinem achtzehnten Lebensjahr an Panikanfällen, so ist es sinnvoll, in die Zeit *vor* dem ersten Panikanfall zurückzugehen und zu sehen, was sich damals in dessen Leben ereignet hat. Ist er hingegen fünfundvierzig und hat erst seit einem Jahr mit Panikanfällen zu tun, ist es nicht unbedingt erforderlich, sich mit seiner Kindheit zu befassen. In diesem Fall wird sich der Therapeut statt dessen auf den Zeitraum von vor achtzehn Monaten bis zwei Jahren konzentrieren, um festzustellen, ob es während dieser Zeit emotional belastende Erlebnisse gegeben hat. Sind die bewußten oder aus dem Gedächtnis verdrängten traumatischen Erfahrungen erst einmal ans Licht gekommen, kann man damit beginnen, sie zu bearbeiten.

Betrachten wir ein reales Beispiel: Susan hatte ihren ersten Panikanfall im Alter von achtzehn Jahren; emotional belastend war für sie gewesen, daß sie mit siebzehn Jahren schwanger geworden war, ihr Freund nichts von einem Baby wissen wollte und ihre Eltern sich so sehr wegen ihr schämten, daß sie Susan in ein Heim für junge Mütter schickten, um dort ihr Baby zur Welt zu bringen. Außerdem mußte sie es auf Wunsch ihrer Eltern zur Adoption freigeben. Als sie sich während ihrer Therapie mit diesen Erinnerungen konfrontierte, kam ein Gefühl der Traurigkeit und des inneren Aufruhrs in ihr hoch. Wenngleich sie sich bewußt an die Ereignisse von damals erinnert hatte, entdeckte sie etwas, das sie völlig vergessen hatte: daß ihr erster Panikanfall während ihres Aufenthaltes in dem Heim für junge Mütter aufgetreten war und nicht, wie sie zunächst gedacht hatte, nachdem sie es verlassen hatte.

An dieser Stelle endet die Arbeit der meisten Hypnotherapieeinrichtungen. Hat sich der Klient erst einmal die Erinnerung und die mit dem damaligen Ereignis einhergehende Emotion bewußt gemacht, geht man davon aus, daß damit die Symptome verschwinden. In manchen Fällen ist dies sicher der Fall, doch in anderen reicht es nicht aus, eine emotionale Verbindung zwischen der Gegenwart und der Vergangenheit herzustellen. Einsicht ist hilfreich, bringt jedoch nicht unbedingt die Heilung.

Der Therapeut muß sicherstellen, daß Erinnerungen nicht nur an die Oberfläche dringen, sondern dem Klienten auch geholfen wird, damit fertig zu werden. Hierzu gehört die Erkundung *aller* Gefühle, die mit dem ursprünglichen traumatischen Erlebnis in Verbindung stehen. In unserem Beispiel befaßte sich Susan mit ihren Gefühlen gegenüber ihrem Freund, der sich beim ersten Anzeichen von Problemen aus dem Staub gemacht hatte, gegenüber ihren Eltern, die sie weggeschickt hatten, weil sie sich mehr aus der Meinung der Nachbarn als aus ihrer eigenen Tochter machten, und auch gegenüber dem Kind, das sie verloren hatte. Zusätzlich zu ihrer ursprünglichen inneren Aufgewühltheit stiegen Gefühle der Schuld, der Wut und des Widerwillens in ihr auf. Ich bat sie, ihre Empfindungen in Worte zu fassen und sie in Gedanken an den jeweiligen Adressaten zu bringen. Unter Hypnose konnte Susan ihrem Freund und ihren Eltern sagen, wie enttäuscht und wütend sie war, was sie aus dem damaligen Schockzustand heraus nicht hatte tun können. Durch diesen Prozeß konnte sie sich von belastenden Gefühlen befreien, und sie berichtete, daß sie sich nach der Sitzung regelrecht befreit gefühlt und ihr Leben seither besser im Griff habe. Die Panikanfälle ließen daraufhin nach.

Ein Therapeut kann seinem Klienten darüber hinaus helfen, frühere Erfahrungen in einen neuen Bezugsrahmen zu stellen. Dies geschieht, indem er die Erfolge herausstellt, die der Klient in anderen Lebensbereichen erzielt hat, und ihn darauf hinweist, wann er in der Vergangenheit mit anderen Problemen erfolgreich umgegangen ist. Er wird unter Umständen erklären, daß der Mensch an jedem Problem, das er löst, wächst und auf diese Weise mit künftigen Belastungen effektiver umzugehen lernt; womöglich wird er auch einige allgemeine Suggestionen zur Stärkung des Selbstvertrauens und Selbstwertgefühls mit einbauen. Die Bearbeitung von Erinnerungen ist unausweichlich, will man sicherstellen, daß ein Klient nicht unnötig unter Druck gerät. Nur so erhält er Zugang zu den inneren Ressourcen, die für eine konstruktive

Bewältigung vergangener Probleme erforderlich sind, so daß er wachsen und künftig ein symptomfreies Leben führen kann.

Was geschieht bei einer Hypnoanalyse?

In diesem Abschnitt möchte ich näher auf einige der Verfahren eingehen, die Ihnen in der analytischen Hypnotherapie begegnen werden. Diese Methoden zu verstehen ist nicht nur ganz allgemein nützlich, sondern schützt auch davor, sich von einem Therapeuten falsche Erinnerungen aufdrängen zu lassen.

Manche Hypnotherapieschulen arbeiten streng nach Freudschen Regeln. Mit welchem Problem auch immer der Klient kommt – der Therapeut dieser Prägung wird bei der Analyse stets die freie Assoziation einsetzen, um Zugang zu den für das aktuelle Problem relevanten Erinnerungen zu erhalten. Bei der freien Assoziation wird der Klient unter Hypnose aufgefordert, frei über alle Erinnerungen zu sprechen, die ihm in den Sinn kommen, während der Therapeut zuhört und sich Notizen macht.

Dies ist eine effiziente Methode, um Erinnerungen an die Oberfläche zu bringen. Selbst wenn man sich anfangs nur an triviale Dinge erinnern mag, gelangt man schon bald an Material aus tieferen Schichten. Dennoch kann sich der Prozeß der freien Assoziation häufig als langwierig erweisen, weil unter Umständen eine Unmenge von Erinnerungen zu durchforsten sind, bis man zu den eigentlich relevanten Erlebnissen vordringt.

Um diesen Vorgang abzukürzen, gibt es die Technik des »Baumschüttelns«. Dabei wird der Klient im Zustand der Trance gebeten, sich bestimmte Gefühle wie Peinlichkeit, große Einsamkeit, Schuld oder inneren Aufruhr vorzustellen und diese Gefühle mit einem realen Ereignis aus seinem

Leben zu verknüpfen. Daß bei dieser Technik ausschließlich unangenehme Gefühle angesprochen werden, liegt daran, daß emotionale Probleme ausnahmslos auf negative Erfahrungen zurückzuführen sind. Beim »Baumschütteln« konzentriert man sich also direkt auf negative Gefühle und geht davon aus, daß die relevanten belastenden Erinnerungen dadurch früher oder später zutage treten.

Entscheidend für die erfolgreiche Anwendung der Technik des »Baumschüttelns« ist, sie so allgemein wie möglich zu fassen und nur geläufige Emotionen anzusprechen. Jeder war in seinem Leben schon einmal innerlich aufgewühlt, hat sich geschämt oder schuldig gefühlt, und Gefühle wie diese können daher bei dieser Methode immer angesprochen werden. Schwieriger wird es, wenn der Therapeut Bilder einführt, wie von einem Flammenmeer umringt zu sein, unter Wasser zu stehen oder sexuell belästigt zu werden. Erfahrungen wie diese sind nicht allgemein gültig; nicht jeder hat solche Traumata in seinem Leben erfahren. Spricht ein Therapeut solche Bilder mit der Technik des »Baumschüttelns« an, so werden diese von den meisten Klienten als irrelevant zurückgewiesen. Manche besonders anfällige oder ängstliche Menschen aber geraten bei solchen Bildern in Aufregung oder fragen sich, ob ihnen nicht doch so etwas zugestoßen sei und sie es nur vergessen oder verdrängt haben. Besonders bei der Suggestion von sexuellen Übergriffen kann dies zu Gedächtnistäuschungen führen. Mehr zu diesem Thema finden Sie weiter hinten im Buch *(siehe unter »Fehlerinnerungssyndrom«, Seite 133)*.

Eine weitere Möglichkeit, eine hypnoanalytische Erstsitzung zu beginnen, besteht darin, daß sich der Klient unter Hypnose auf ein bestimmtes negatives Gefühl konzentriert. Leidet er beispielsweise unter Angst, kann der Therapeut ihn auffordern, sein Gefühl im einzelnen zu beschreiben. Dies könnte etwa folgendermaßen aussehen:

Therapeut: »Und wie fühlt es sich an, wenn Sie diese Angst haben?«

Klient: »Es ist schrecklich. Es ist immer da. Mein Magen flattert die ganze Zeit. Ich bin ständig auf dem Sprung, so als würde ich darauf warten, daß etwas Furchtbares passiert.«

Therapeut: »Und wenn Sie dieses schreckliche Gefühl haben, gibt es da noch etwas anderes, was Sie dabei empfinden?«

Klient: »Ich habe das Gefühl, außer Kontrolle zu sein; mir ist alles zuviel, und ich fühle mich einfach nur armselig und nutzlos.«

Therapeut: »Während Sie an dieses Gefühl denken, armselig und nutzlos zu sein, lassen Sie Ihre Gedanken zeitlich zurückwandern zu früheren Erlebnissen, in denen Sie ebenso empfanden.«

Klient: »... es erinnert mich daran, wie ich mich in der weiterführenden Schule gefühlt habe, als wir in Mathe diese eine Lehrerin hatten. Alle hatten Angst vor ihr, weil sie einen immer heruntermachte, wenn man die Lösung nicht wußte, und dann kam man sich immer so armselig und nutzlos vor ...«

An diesem Beispiel wird deutlich, wie bei der Erkundung eines Gefühls eine Verbindung zu einer Erinnerung hergestellt wird, die ihrerseits weitere Erinnerungen zutage fördert, die mit der Angst des Betreffenden zu tun haben. Im obengenannten Fall erinnerte sich der Klient daran, welche Angst er vor dieser einen Lehrerin gehabt hatte, die ihn immer wieder vor der ganzen Klasse niedergemacht und gedemütigt hatte. Dies wiederum rief ihm ins Gedächtnis, daß es ihm zu Hause nicht viel besser ergangen war. Seine Mutter war ausgesprochen launisch und leicht aus der Fassung zu bringen, und so konnte er mit ihr nicht über seine Probleme sprechen. Sein Vater sagte nur, er solle sich zusammenreißen. Und so stand er mit seinen Ängsten vor dem nächsten Schultag völlig allein da. Am Ende dieser Sitzung meinte der Klient, er habe sich zwar immer an seine Probleme in der Schule erinnert, sei sich jedoch nicht bewußt gewesen, daß man ihm zu Hause jegliche Unterstützung verweigert hatte.

Eine Hypnoanalyse ist deswegen ein so wirksames Mittel zur Aufdeckung vergessener Erinnerungen, weil sie den einzelnen auf seiner emotionalen – also unterbewußten – Ebene anspricht. Bei der Erkundung von Gefühlen kommen ein oder zwei Gedächtnisfragmente zutage, die wiederum weitere Erinnerungen wachrufen. Es ist, als würden wir uns ein altes Foto ansehen. Beim Betrachten des Kleides und der Frisur, die wir damals getragen haben, erinnern wir uns auf einmal, wann wir dieses Kleid zum erstenmal anhatten oder bei welcher Gelegenheit die Aufnahme gemacht wurde oder was später in jenem Jahr passierte. Ein Bild führt zum nächsten, aus jeder Erinnerung ergibt sich eine weitere, bis wir schließlich einen Schatz von Dingen ausgegraben haben, an die wir seit Jahren nicht mehr gedacht haben.

Am einfachsten ist dieser Prozeß zu verstehen, wenn wir uns vorstellen, daß all unsere Erinnerungen in uns gespeichert, die jüngsten Erlebnisse aber näher an der Oberfläche und daher leichter zugänglich sind. Wie eine Zwiebel ist auch unser Gedächtnis schichtweise aufgebaut. Wenn in unserem Leben etwas besonders Beunruhigendes geschieht, können zwei Dinge geschehen: Entweder bleibt die Erinnerung daran über lange Jahre hinweg in der obersten Schicht gespeichert, oder sie wird tief unter der untersten Schicht vergraben, um sie dem bewußten Zugriff zu entziehen, damit wir uns nicht länger darüber aufzuregen brauchen. In letzterem Fall sprechen wir von *Unterdrückung*: Die Erinnerung ist zwar noch da, doch sie ist im hintersten Winkel des Gedächtnisses verborgen.

Finden wir Zugang zu einer Erinnerung im Zusammenhang mit dem aktuellen Problem, kann es zu einer emotionalen Reaktion kommen: Vielleicht vergießen wir ein paar Tränen oder sind innerlich aufgewühlt, wenn wir darüber sprechen. Dieser Vorgang wird als *Abreaktion* bezeichnet: Wir haben eine Verbindung zwischen einer Emotion und jenem Moment in der Vergangenheit hergestellt, an dem wir diese erstmals verspürt haben.

Der Klient in unserem Beispiel konnte sich ganz klar daran erinnern, wie er von der Schule nach Hause kam, um mit seinem Vater darüber zu sprechen, wie unglücklich er dort sei. Sein Vater aber sagte ihm nur, das würde schon wieder vorübergehen, und ließ den kleinen Jungen mit seinen Problemen völlig allein. Für ein oder zwei Minuten zeigte der Klient eine starke emotionale Reaktion, als er noch einmal durchlebte, wie er sich damals gefühlt hatte. Diese Abreaktion stellte einen Wendepunkt in der Analyse dar. Er erkannte, daß er seine Gefühle der Angst und Furcht die ganze Zeit über mit sich herumgeschleppt hatte, obwohl er sie längst nicht mehr brauchte, da sie zu einer früheren Phase seines Lebens gehörten. Als ihm dies bewußt wurde, konnte er die belastenden Gefühle auf einmal loslassen.

Auch nach einer Sitzung kann es zu einer emotionalen Auflösung von traumatischen Erlebnissen der Vergangenheit kommen. Womöglich dringen bestimmte Emotionen nicht während der Sitzung selbst, sondern erst einige Tage später an die Oberfläche. Es ist, als würde nach einer gewissen zeitlichen Verzögerung auf einmal der Groschen fallen. Eine Abreaktion kann sich auch ganz im stillen vollziehen. Eine negative Emotion hinter sich zu lassen, nachdem man sie mit dem auslösenden Ereignis in Verbindung gebracht hat, kann ohne viel Aufhebens geschehen und wird manchmal einfach nur als ein Gefühl der Erleichterung wahrgenommen – es ist, als sei einem eine Last von den Schultern genommen.

Den eigenen Fortschritt im Auge behalten

Hat man erst einmal mit einer hypnotherapeutischen Behandlung begonnen, sollten sich sowohl bei der Suggestions- als auch bei der Desensibilisierungsmethode relativ bald Resultate zeigen. Die Suggestionen sollten spätestens innerhalb von drei Sitzungen greifen; haben sie nach der zweiten Sitzung noch keine Wirkung gezeigt, so ist es in der Regel notwendig, sich einmal näher mit den tieferen Ursachen des gegenwärtigen Problems auseinanderzusetzen. Bei der Desensibilisierung hängt der Fortschritt unter anderem von der Bereitschaft des Klienten ab, zwischen den Sitzungen mit den ihm vorgestellten Entspannungstechniken zu arbeiten. Manche Therapeuten geben ihren Klienten nach der ersten Sitzung Autosuggestionskassetten mit nach Hause, die entweder mit den während der Behandlung angewandten Formulierungen oder mit einem allgemeinen hypnotischen Entspannungstext bespielt sind. Vorausgesetzt, der Klient übt zu Hause regelmäßig mit dieser Kassette, kann man spätestens nach drei bis fünf Sitzungen mit Erfolgen rechnen, wobei sich gravierende Fortschritte während der fünf darauffolgenden Termine zeigen werden.

Bei der analytischen Hypnotherapie ist es wesentlich schwieriger vorherzusagen, wann mit ersten Ergebnissen zu rechnen ist. Auch hier kommt es sehr auf die fachliche Qualifikation des Therapeuten an, doch um erfolgreich sein zu können, ist dieser auf die Mithilfe seines Klienten angewiesen. Beschließt dieser, bestimmte Erinnerungen zu verschweigen, weil sie ihm etwa peinlich sind, wird dies den Problemlösungsprozeß zwangsläufig verlängern, wenn nicht gar vereiteln. Dies bedeutet nicht, daß der Klient nun völlig allein gelassen würde und es von sich aus irgendwie schaffen müsse, lang vergessene Erinnerungen aus seinem Inneren hervorzukramen. Es heißt lediglich, daß sich der Betreffende einen Stoß geben und nach Möglichkeit seine Bedenken überwinden soll, wenn er sich in einer der Sitzungen an ein früheres Erlebnis erinnert, über das er am liebsten nicht reden würde. Und wenn er nur sagt: »Ich erinnere mich da an etwas, über das zu sprechen mir schwerfällt.« Auf diese Weise ermöglicht er dem Therapeuten, sich dem schwierigen Thema auf behutsame Weise zu nähern.

Um die Fortschritte eines Klienten im Auge zu behalten, stelle ich stets in der ersten Sitzung mit ihm gemeinsam eine Liste von Zielen für die Hypnoanalyse auf. Ich bitte ihn, sich einmal zu überlegen, woran er merken würde, wenn es ihm bessergeht – wenn über Nacht ein Wunder geschähe, das seine Probleme auf einen Schlag zum Verschwinden brächte?

Ein Klient, der unter Angst leidet, könnte folgende Ziele haben:

✧ morgens aufzuwachen und innerlich ruhig zu sein
✧ sich nicht mehr permanent Sorgen zu machen
✧ besser zu schlafen
✧ sich besser konzentrieren zu können
✧ kein Herzrasen mehr zu haben

Ein Klient mit mangelndem Selbstvertrauen könnte folgende Ziele haben:

✧ »nein« sagen zu können, wenn er für etwas keine Zeit hat
✧ seine eigene Meinung zum Ausdruck bringen zu können
✧ unangenehme Dinge nicht länger vor sich herzuschieben
✧ endlich den defekten Toaster in den Laden zurückzubringen, um zu reklamieren
✧ sich um eine bessere Stelle zu bewerben

Wie Sie sehen, wurden nur relativ konkrete Ziele aufgeführt, so daß es nicht schwerfallen dürfte, das Erreichte nach vier bis sechs Sitzungen an der Realität zu messen und so ein klares Bild von den eigenen Fortschritten zu erhalten. Wenn ein unter Angstzuständen leidender junger Mann feststellt, daß er in der letzten Woche besser geschlafen hat und sich auf einmal merken kann, was er gerade in der Zeitung gelesen hat, so ist er ganz eindeutig ruhiger geworden, und seine Konzentrationsfähigkeit hat sich verbessert.

Nicht alle Hypnotherapeuten lassen ihre Klienten einen solchen Zielekatalog aufstellen, doch das ist noch lange kein Grund, warum Sie es nicht selbst tun sollten. Wer den positiven Ausgang der angestrebten Entwicklung in Worte faßt, schafft sich selbst (und dem Therapeuten) die Möglichkeit, die angestrebten Fortschritte nicht aus den Augen zu verlieren. Schreiben Sie mindestens drei Punkte auf, an denen sich eine Verbesserung Ihres Zustandes ablesen ließe, und halten Sie ab der vierten bis fünften Sitzung Ausschau nach positiven Veränderungen.

Die Idee, meine Klienten ihre Ziele klar formulieren zu lassen, entstand, als ich feststellte, wie oft diese ihre bereits erreichten Fortschritte schlichtweg übersahen. Die Veränderung kommt manchmal auf so leisen Pfoten daher, daß man sie kaum wahrnimmt. Ich möchte dies an folgendem Beispiel veranschaulichen:

Ein junger Mann, der wegen mangelnden Selbstvertrauens zu mir in die Praxis gekommen war, hatte während der ersten drei Hypnoanalysesitzungen eine ganze Reihe von Erinnerungen aufgearbeitet. Als er zu seinem vierten Termin kam, fragte ich ihn, ob er irgendwelche positiven Veränderungen bemerkt hätte. Er verneinte dies. Bei näherem Nachfragen aber stellte sich heraus, daß er jüngst zwei Einladungen von Kollegen zu einem kleinen Umtrunk angenommen hatte – etwas, das er noch nie fertiggebracht hatte. Und doch hatte er das nicht als Fortschritt gewertet, weil es ihm so leicht und normal vorgekommen war. Viele Klienten meinen, daß sich die Besserung ihres Zustands in einer Art spektakulärem inneren Feuerwerk manifestieren müsse; stellen sich die Veränderungen dann auf weniger dramatische Weise ein, übersehen sie sie einfach.

In der Hypnotherapie geht es nicht darum zu lernen, wie man »sich zusammenreißt«; sie zielt vielmehr darauf ab, innere Blockaden und Hindernisse zu beseitigen, so daß einem plötzlich Dinge sehr leicht fallen, ohne groß darüber nachzudenken. Wenn es nur einen einzigen Menschen gibt, der tun kann, was Sie sich in der Hypnotherapie vorgenommen haben, so können Sie das auch. Ja, wer weiß, vielleicht sind Sie am Ende gar der erste Mensch, der etwas schafft, was noch keinem vor Ihnen gelungen ist.

Fragen und Antworten

Und wenn es nun nicht gelingt, mich in Hypnose zu versetzen?
Wie Sie sich erinnern werden, können nur Betrunkene oder Menschen von unterdurchschnittlicher Intelligenz nicht hypnotisiert werden. Die Tatsache, daß Sie dieses Buch bis hierher gelesen haben, schließt mit Sicherheit aus, daß Sie letzterer Kategorie angehören. Sie können also ganz unbesorgt sein. Denken Sie nur daran, daß sich der Zustand der Hypnose für Sie unter Umständen nicht so anfühlt, wie Sie es erwartet haben. Das bedeutet jedoch keineswegs, daß Sie nicht in Trance wären.

Und wenn nun keine Erinnerungen an frühere Erlebnisse in mir aufsteigen?
Jeder kann sich an *irgend etwas* erinnern, ganz gleich wie unwichtig es auch erscheinen mag. Vielleicht erinnern Sie sich daran, wie das Haus aussah, in dem Sie als Zehnjährige(r) lebten; oder an das Schulgebäude oder Teile Ihres Schulwegs. Dies sind gute Ausgangspunkte, die zu weiteren Erinnerun-

gen führen können. Wenn Sie festgefahren sind, wird Ihr Therapeut Ihnen helfen, wieder Zugang zu Ihrem Gedächtnis zu finden.

Wird während der Therapie nach einem tief im Inneren vergrabenen, dunklen Geheimnis gesucht?
Nein. Die überwiegende Zahl aller Probleme ist auf Ereignisse zurückzuführen, an die Sie sich ohnehin erinnern können, ohne sich bewußt zu sein, wie sehr Sie sie damals beeinträchtigt haben. Manchmal geht ein Problem auch auf unterdrücktes Material zurück, doch dies ist eher die Ausnahme.

Kann ich mit dem, was da zutage gefördert wird, auch wirklich umgehen?
In den meisten Fällen ist es weniger schlimm, sich ein Ereignis ins Gedächtnis zu rufen, als es tatsächlich durchlebt zu haben. Wenn Sie aber während der Therapie mit einem besonders traumatischen Thema konfrontiert werden, wird der Therapeut Sie unterstützen und Ihnen helfen, es zu verarbeiten, um zu lernen, damit umzugehen.

5.
So finde ich einen seriösen Hypnotherapeuten

In den vergangenen Jahren ist die Hypnotherapie in den Medien verschiedentlich in die Schußlinie der Kritik geraten; dabei wurden bestimmte hypnotherapeutische Schulen oder auch einzelne Hypnotherapeuten angegriffen. Sieht man einmal von den Auswüchsen schierer Sensationslust ab, so waren viele der in den Berichten geäußerten Bedenken und Sorgen gerechtfertigt und ernst zu nehmen.

Die Ausbildung zum Hypnotherapeuten ist auch heute noch völlig uneinheitlich und kann zwischen drei Monaten und zwei Jahren dauern. Manche Kurse sind reine Fernlehrgänge, in denen keinerlei Praxis vorgeschrieben ist. Sie können durchaus sinnvoll aufgebaut sein, sind jedoch nur dann zweckmäßig, wenn der Kursteilnehmer parallel dazu eine praktische Ausbildung absolviert. Schließlich würden Sie sich auch nicht von einem Chirurgen operieren lassen wollen, der all sein Wissen aus Büchern bezogen hat und noch nie einen echten Patienten unter dem Messer hatte. Es ist relativ leicht, einen Menschen in Hypnose zu versetzen, doch um ihn von hier aus weiterzuführen, bedarf es einiger Fachkenntnis. Um diese zu erwerben, muß der Therapeut unter Supervision üben, um die notwendigen Erfahrungen zu sammeln und die Grundtechniken sicher anwenden zu können. Diese Art der Ausbildung kann kein Fernlehrgang bieten.

Die Ausbildungsdauer ist nicht unbedingt eine Garantie für therapeutisches Können, doch es erscheint plausibel, daß derjenige, der einen sechsmonatigen Kurs besucht hat, besser Bescheid weiß als einer, der all sein Wissen aus einem Wochenendseminar bezieht.

Wer sich auf Hypnoanalyse spezialisieren will, sollte sich während oder nach seiner Ausbildung einer Analyse unterziehen, um selbst den Prozeß zu erfahren, durch den er später einmal seine Klienten führen wird. Bei dieser Analyse muß sich der angehende Therapeut mit seinen eigenen Problemen und Emotionen auseinandersetzen und diese gegebenenfalls klären. Eine solche Ausbildungsanalyse sollte stets von einem erfahrenen Hypnotherapeuten durchgeführt werden, der seit mindestens drei Jahren praktiziert. Auf diese Weise können künftige Klienten sicher sein, daß ihr Therapeut weiß, wie sie sich während ihres hypnotherapeutischen Prozesses fühlen.

Ein Therapeut sollte auch eine Berufshaftpflicht- und Rechtsschutzversicherung haben, die ihn gegen die rechtlichen Folgen von Fehlern absichert. Hypnotherapeuten, die nachgewiesenermaßen ihre Vertrauensposition mißbraucht und Klienten sexuell belästigt haben, sollten sicher vor Gericht gebracht und aus dem Verbandsregister gestrichen werden, doch es kann immer wieder geschehen, daß hysterische Klienten, deren Avancen von einem Therapeuten zurückgewiesen werden (o ja, so etwas gibt es *tatsächlich!*), unbegründete Vorwürfe wegen angeblicher Verfehlungen erheben. Eine Berufshaftpflicht- und Rechtsschutzversicherung dient zur Absicherung des Therapeuten, denn den meisten fehlen die finanziellen Möglichkeiten, um aus eigener Tasche eine Streitsache vor Gericht zu finanzieren.

Eine solche Versicherung ist nicht für unabhängige Therapeuten zugänglich. Um aufgenommen zu werden, muß man Mitglied eines anerkannten Verbandes sein.

Fehlerinnerungssyndrom

In den letzten zehn Jahren mehrten sich die Berichte über den sexuellen Mißbrauch von Kindern. Während man noch vor zwanzig Jahren nie etwas von diesem Thema gehört hatte, spricht heute alle Welt darüber; sogar im Fernsehen ist immer wieder davon die Rede, und viele Prominente sprechen in aller Öffentlichkeit darüber, wie sie selbst während ihrer Kindheit sexuell mißbraucht wurden. Das zunehmende Interesse der Medien könnte Anlaß zu der Vermutung geben, daß sich die Fälle von sexuellem Kindesmißbrauch gehäuft hätten, doch diese Folgerung muß nicht zwangsläufig richtig sein. Die Tatsache, daß wir heute mehr über Kindesmißbrauch hören als noch vor zehn Jahren, weist lediglich darauf hin, daß dieses Thema heute kein Tabu mehr ist und aus diesem Grund mehr darüber berichtet wird – nicht aber darauf, daß tatsächlich mehr Fälle zu registrieren sind.

Niemand kennt den genauen Prozentsatz der Erwachsenen, die während ihrer Kindheit sexuell mißbraucht wurden. Doch wir wissen mit Sicherheit, daß es sich hier um ein ernst zu nehmendes Problem mit verheerenden seelischen Folgen für die betroffenen Kinder handelt. Je nach Schwere und Häufigkeit des Mißbrauchs können lebenslange emotionale Schäden zurückbleiben, die die Opfer im Extremfall zu Selbstverstümmelungs- und Selbstmordversuchen veranlassen. Zweifellos gehört sexueller Mißbrauch während der Kindheit oder Jugend zu den schrecklichsten Erfahrungen, die ein Mensch erleben kann, wie jeder bezeugen wird, der entweder selbst betroffen ist oder beruflich mit Mißbrauchsopfern zu tun hat.

Was nun die Hypnotherapie anbelangt, so gibt es zwei Gruppen von Klienten, die zur Behandlung kommen: Die einen erinnern sich bewußt daran, sexuell mißbraucht worden zu sein, und suchen Hilfe bei der Überwindung des Traumas. Die anderen wiederum wissen nichts von einem sexuellen Mißbrauch während ihrer Kindheit. Kommt ein Klient mit der bewußten Erinnerung an einen Mißbrauch in die Therapie, kann der Therapeut ihm helfen, seine diesbezüglichen Erlebnisse zu verarbeiten. Im Zusammenhang mit dem Fehlerinnerungssyndrom ist diese Gruppe nicht relevant. Kommt ein Klient aber in die Therapie, *ohne sich daran zu erinnern, mißbraucht worden zu sein,* und ist nachher überzeugt, doch entsprechende Erlebnisse gehabt zu haben, stellt sich die Frage, ob es sich hier um echte Erinnerungen handelt oder ob der Therapeut seinem Klienten diese Vorstellung lediglich suggeriert hat.

In der Presse und im Fernsehen wurde verschiedentlich über das Fehlerinnerungssyndrom berichtet. Besonderes Aufsehen erregte der Fall Ramona in Kalifornien: Gary Ramona verklagte den Therapeuten seiner Tochter auf acht Millionen Dollar Schadenersatz, weil er ihr falsche Mißbrauchserinnerungen suggeriert habe. Er gewann zwar den Prozeß und erhielt eine halbe Million Dollar, doch ansonsten war sein Leben ruiniert: Nachdem die Vorwürfe gegen ihn laut geworden waren, hatte er seinen Job verloren, und seine Frau hatte ihn verlassen. Infolge dieses und anderer Prozesse gründeten Berufsständische Organisationen eine Reihe von Arbeitsgruppen, um das Phänomen der Gedächtnistäuschungen zu untersuchen; gleichzeitig entstanden verschiedene private Initiativen, die mit Eltern arbeiten, die behaupten, zu Unrecht des Mißbrauchs beschuldigt worden zu sein.

Für einen Außenstehenden mag dies alles sehr verwirrend klingen. Wer hat nun recht und wer nicht? Wie sicher ist eine hypnotherapeutische Behandlung im Hinblick auf das Fehlerinnerungssnydrom?

An dieser Stelle müssen wir zwei weitere Gruppen von Klienten unterscheiden: Unter jenen, die vor ihrer Behandlung nichts von einem Mißbrauch wußten und sich erst während der Therapie an entsprechende Erlebnisse erinnern, gibt es solche, die tatsächlich mißbraucht worden sind, die Erinnerung daran aber unterdrückt haben; und es gibt jene, die von dem Therapeuten fälschlicherweise zu der Überzeugung geführt wurden, mißbraucht worden zu sein, selbst wenn in Wirklichkeit nichts dergleichen geschehen ist. Befassen wir uns zunächst mit der zuerst genannten Gruppe. Die diversen Interessenverbände für die Opfer des Fehlerinnerungssyndroms behaupten, daß es so etwas wie unterdrückte Erinnerungen gar nicht gebe, und meinen, etwas so Traumatisches wie sexueller Mißbrauch könne unmöglich vergessen oder unterdrückt werden. Es ist jedoch eine hinlänglich bewiesene Tatsache, daß es zu einer Verdrängung von Erinnerungen kommen kann. So gibt es Beispiele für Klienten, die während einer Hypnoanalyse unerwartet auf eine Erinnerung an sexuellen Mißbrauch stoßen und später einen Zeugen finden, der ihnen die Richtigkeit ihrer Erinnerung bestätigt. Dies könnte ein Geschwister sein, das den Übergriff mit angesehen hat, sich damals jedoch nicht traute, darüber zu sprechen; oder aber ein Erwachsener, der von dem Mißbrauch wußte, den Täter aber seinerzeit aus Schwäche oder Angst nicht mit seinem Vergehen konfrontierte.

Wenn es nur einen einzigen Fall gibt, in dem eine Erinnerung zunächst vergessen, dann aber im Verlauf einer Therapie wiedererlangt und durch einen Zeugen bestätigt wurde, so können wir die Möglichkeit nicht ausschließen, daß der Mensch tatsächlich in der Lage ist, traumatische Erinnerungen zu unterdrücken, um auf diese Weise mit einer emotionalen Überbelastung fertig zu werden.

Sexueller Mißbrauch geschieht im verborgenen, und es gibt nur selten Zeugen dafür. Wir müssen realistisch sein und uns eingestehen, daß es menschliche Gemeinheit und Perversion ebenso gibt wie Gleichgültigkeit dem Leiden eines anderen gegenüber. Daher müssen wir sehr vorsichtig damit sein, allzu voreilig zu leugnen, daß es tatsächlich zu einer

Unterdrückung von Erinnerungen kommen kann, wenn ein Kind einer schrecklichen Erfahrung wie sexuellem Mißbrauch ausgesetzt war.

Die Organisationen zum Schutz der Opfer des Fehlerinnerungssyndroms haben einen wertvollen Beitrag zur Überprüfung der theoretischen Grundlagen der verschiedenen psycho- und hypnotherapeutischen Schulen geleistet. Als das eigentlich Problematische wurde die Tatsache erkannt, daß manche dieser Schulen die Auffassung vertreten, sexueller Kindesmißbrauch sei die Grundursache jeder psychischen und emotionalen Störung und *daß jeder während seiner Kindheit auf die eine oder andere Weise sexuell mißbraucht worden sei,* die meisten aber entsprechende Erinnerungen unterdrückt haben. Folglich sehen die Vertreter dieser Schulen ihre Aufgabe darin, den Klienten dabei zu »helfen«, sich an ihr Mißbrauchstrauma zu »erinnern«. Es ist kein Wunder, daß ein Therapeut mit dieser Grundhaltung schließlich das findet, wonach er sucht, weil er seinen Klienten ganz einfach bewußt oder unbewußt in die entsprechende Richtung steuert. Alles, woran sich der Klient erinnert, wird so interpretiert, daß es in die Theorie hineinpaßt. Dies ist natürlich eine absolut verantwortungslose Vorgehensweise, die unendlichen Schaden anrichten kann, besonders in Verbindung mit Hypnose, die den Betreffenden noch empfänglicher für Suggestionen macht.

Es muß ganz klar gesagt werden, daß ein jeder von uns – mit oder ohne Hypnose – anfällig für eine »Gehirnwäsche« ist, wenn wir bestimmten Suggestionen nur lange und intensiv genug ausgesetzt sind. Dies gilt um so mehr, wenn wir in einem verletzlichen emotionalen Zustand sind. Suggestionen können in Fragen eingebettet sein, die man uns stellt. So erinnert sich eine Klientin womöglich daran, wie sie von ihrem Vater mit dreizehn Jahren in den Arm genommen wurde:

Therapeut: »Und was haben Sie dabei empfunden?«
Klientin: »Es war mir unangenehm.«
Therapeut: »Hat er Sie damals berührt?«
Klientin: »Ja, er hat mich ganz fest an sich gedrückt.«

Die Frage, ob der Vater die Tochter »berührt« habe, führt die Klientin zu einer Aussage, die ein völlig falsches Bild entstehen lassen kann. Möglicherweise führte der Vater wirklich nichts Gutes im Schilde, doch es kann ebensogut sein, daß er einfach nur ein überschwenglicher Mensch war und nicht bedachte, daß seine Tochter den physischen Kontakt mit ihm, den sie früher so sehr genossen hatte, als heranwachsendes, pubertierendes Mädchen auf einmal als unangenehm empfand. Es ist also inakzeptabel, wenn ein Therapeut – und sei es nur durch eine Anspielung – für seine Klientin beschließt, daß sie von ihrem Vater »berührt« worden sei.

Der Therapeut muß seinen Klienten auf objektive Weise ermutigen, sich an seine Vergangenheit zu erinnern. Ist es tatsächlich zu sexuellem Mißbrauch gekommen, so wird dies mit der Zeit ohnehin zutage kommen, ohne daß der Therapeut mit entsprechenden Fragen oder Suggestionen nachhilft.

Erinnerungen sind nicht immer klar; es kommt oft vor, daß sich ein Klient an etwas erinnert und sagt, er sei sich nicht sicher, ob es tatsächlich geschehen sei oder er es nur geträumt habe. Auch hier ist es nicht die Aufgabe des Therapeuten, ihn in die eine oder andere Richtung zu beeinflussen. Er soll ihm vielmehr dabei helfen, im Verlauf der Sitzungen von allein mit seinen Erinnerungen ins reine zu kommen.

Sowohl in der Psychotherapie als auch in der Hypnotherapie ist es von höchster Wichtigkeit, daß weder den Klienten noch deren Angehörigen Schaden zugefügt wird. Erinnerungen müssen respektiert werden, und jede Einflußnahme darauf ist unbedingt zu vermeiden, denn das Leid eines mißbrauchten

Kindes angesichts des Leugnens seines Peinigers ist ebenso groß wie das Leid eines zu Unrecht beschuldigten »Täters«.

Worauf ist zu achten?

Hier nochmals eine Übersicht über die zu beachtenden Punkte, wenn Sie sich zu einer hypnotherapeutischen Behandlung entschließen:

Bevor Sie einen Termin ausmachen

◇ Wählen Sie nach Möglichkeit einen Hypnotherapeuten aus, der Ihnen persönlich von einem Familienangehörigen, einem Bekannten oder Kollegen empfohlen worden ist.

◇ Wenn Ihnen niemand eine entsprechende Empfehlung geben kann, überlegen Sie sich zunächst, ob Sie lieber zu einem männlichen oder weiblichen Therapeuten gehen möchten.

◇ Wählen Sie vorzugsweise einen Therapeuten aus, der schon länger praktiziert – vielleicht haben Sie seine Annoncen schon seit längerem in der Zeitung gesehen?

◇ Achten Sie darauf, wie Ihr Anruf entgegengenommen wird; dies läßt Rückschlüsse auf die Professionalität des Therapeuten zu.

◇ Wenn Sie ängstlich sind, lassen Sie sich beim ersten Termin von einer Person Ihres Vertrauens begleiten; informieren Sie den Therapeuten aber vorab, daß Sie jemanden mitbringen möchten, der bei dem Gespräch anwesend sein soll.

Wenn Sie eine Informationsbroschüre bekommen

◇ Über welche Qualifikationen verfügt der Therapeut? Welchen offiziellen Verbänden oder Vereinigungen gehört er an?

◇ Wie sieht es mit dem Honorar aus? Gibt es eine Preisstaffelung mit Nachlässen für weniger gut betuchte Klienten?

⬦ Für welche Probleme bietet der Therapeut eine Behandlung an? (Nicht alle Therapeuten befassen sich mit der gesamten Palette der Störungen und Beschwerden, die sich hypnotherapeutisch behandeln lassen.)

⬦ Enthält die Broschüre eine kurze Erklärung über die Wirkungsweise der Hypnose?

⬦ Wird darin erläutert, ob der Therapeut mit Suggestions-, Desensibilisierungs-, analytischer Hypnotherapie und/oder weiteren ähnlichen Verfahren arbeitet?

Beim Erstgespräch

⬦ Achten Sie darauf, ob der Behandlungsraum einigermaßen ruhig ist. Knallende Türen und laute Stimmen können sich während der Sitzung als störend erweisen.

⬦ Stellen Sie fest, seit wann der Therapeut praktiziert.

⬦ Wenn er seit weniger als einem Jahr praktiziert, stellen Sie fest, ob er unter Supervision arbeitet oder zumindest im Bedarfsfall mit einem erfahreneren Kollegen Rücksprache nehmen kann.

⬦ Sehen Sie sich die Diplome an, die in der Praxis aufgehängt sind, um sich über die Qualifikationen des Therapeuten zu informieren. Wenn Sie zu diesem Thema Fragen haben, ist jetzt der richtige Zeitpunkt, sie zu stellen!

⬦ *Falls Sie sich nicht bewußt daran erinnern, als Kind mißbraucht worden zu sein, fragen Sie den Therapeuten, ob er glaubt, daß alle Probleme auf eine Form von sexuellem Mißbrauch während der Kindheit zurückzuführen seien.* Beantwortet er diese Frage mit »ja«, sollten Sie sich nicht von ihm behandeln lassen.

⬦ Stellen Sie fest, ob der Therapeut eine Berufshaftpflichtversicherung hat.

⬦ Stellen Sie sicher, daß Sie korrekt über den Preis einer Sitzung informiert sind und wissen, was in diesem Preis enthalten ist.

⬦ Spüren Sie in sich hinein: Wenn Sie mit dem, was man

Ihnen gesagt hat, nicht wirklich zufrieden sind und nicht das Gefühl hatten, einen guten Rapport zu dem Therapeuten aufbauen zu können, sollten Sie gehen und eine Nacht darüber schlafen, bevor Sie sich auf irgend etwas einlassen.

Bei der Aufnahme der Vorgeschichte

✧ Stellen Sie sich darauf ein, daß man Ihnen persönliche Fragen stellen wird.

✧ Seien Sie ehrlich bei der Schilderung dessen, was in Ihrem Leben geschehen ist oder gerade geschieht.

✧ Selbst wenn Ihr Therapeut keine Vorgeschichte aufnimmt, sollten Sie in der ersten Sitzung kurz auf vergangene Ereignisse hinweisen, die einen Einfluß auf Ihr heutiges Problem haben könnten.

Während der Sitzungen

✧ Stellen Sie während oder nach dem Erstgespräch eine Liste der Ziele auf, die Sie erreichen möchten, sofern Sie dies nicht bereits gemeinsam mit dem Therapeuten getan haben. Woran könnten Sie erkennen, daß sich etwas verbessert hat? Vergessen Sie nicht, nach ein paar Sitzungen zu prüfen, ob Sie Fortschritte gemacht haben.

✧ Achten Sie darauf, bequem zu sitzen oder zu liegen. Es fällt schwer, sich zu entspannen, wenn der Rücken schmerzt oder die Stuhlkante in den Kniekehlen drückt.

✧ Achten Sie darauf, sich warm genug anzuziehen; sind Sie es nicht, so bitten Sie um eine Decke.

✧ Lösen Sie sich von allen vorgefaßten Erwartungen, wie Sie sich wohl in Hypnose fühlen werden.

✧ Achten Sie darauf, welche Anzeichen der hypnotischen Trance Sie an sich selbst entdecken können:
tränende Augen; Veränderungen in der Atmung; Gefühl der besonderen Schwere oder Leichtigkeit; Gefühl, mit dem Stuhl verwachsen zu sein; Unwillen, sich zu bewegen, ob-

wohl man sich bewegen könnte; Gefühl, daß die Zeit im
Nu vergangen ist; Gefühl, daß die Hände angeschwollen
sind; kleine Muskelzuckungen in Händen, Armen, Füßen
oder Beinen.

✧ Wenn der Therapeut etwas sagt oder tut, das Ihnen unangenehm ist, so erwähnen Sie das. Ist es dringend, so sagen
Sie es noch während der Sitzung; ist es weniger dringend,
sagen Sie es an deren Ende.

✧ Gibt es etwas, das Sie nicht verstanden haben, so fragen Sie
am Ende der Sitzung nach.

Vera Peiffer ist unter folgender Adresse zu erreichen:
P. O. Box 2517
GB – LONDON W5 5 LN

GOLDMANN

Basiswissen kompakt

Joseph O'Connor/Ian McDermott,
NLP   13980

Angela Hicks,
Chinesische Medizin   13985

David Lawson,
Selbstheilung   13982

Cathy Hopkins,
Aromatherapie   13977

Goldmann • Der Taschenbuch-Verlag

GOLDMANN

*Das Gesamtverzeichnis aller lieferbaren Titel erhalten Sie
im Buchhandel oder direkt beim Verlag.*

Taschenbuch-Bestseller zu Taschenbuchpreisen
– Monat für Monat interessante und fesselnde Titel –

✳

Literatur deutschsprachiger und internationaler Autoren

✳

Unterhaltung, Thriller, Historische Romane
und Anthologien

✳

Aktuelle Sachbücher, Ratgeber, Handbücher
und Nachschlagewerke

✳

Esoterik, Persönliches Wachstum und
Ganzheitliches Heilen

✳

Krimis, Science-Fiction und Fantasy-Literatur

✳

Klassiker mit Anmerkungen, Autoreneditionen
und Werkausgaben

✳

Kalender, Kriminalhörspielkassetten und
Popbiographien

Die ganze Welt des Taschenbuchs

Goldmann Verlag · Neumarkter Str. 18 · 81673 München

Bitte senden Sie mir das neue kostenlose Gesamtverzeichnis

Name: _____

Straße: _____

PLZ / Ort: _____